MARCO POLO

Dein Insider-Trip

DRESDEN
& Umgebung

Besondere Erlebnisse – von entspannt bis rasant

Inhalt

Die Klassiker reloaded

Altbekanntes ganz neu erleben

Die Leckerbissen

Verführerisches von süß bis deftig

Die kreativen Orte

Kunst & Kultur von gediegen bis hip

Die wilde Seite

Gas geben und Spaß haben von sportlich bis mutig

Die ruhigen Ecken

Entspannen von minimalistisch bis luxuriös

Das pralle Leben

In Feierlaune das ganze Jahr

Mix & Match

Mach dein eigenes Ding

Dies & Das

Karten, Register & mehr

Frauenkirche, Dresdner Zwinger, Eierschecke – so kennst und liebst du Dresden. Und echte Klassiker werden auch niemals langweilig. Schau um die Ecke, nimm eine andere Perspektive ein, such die geheimen Orte und neuen Interpretationen. Und huch: Ist da schon ein neuer Klassiker im Anmarsch?

Die Klassiker reloaded

Altbekanntes ganz neu erleben

Stadtrundfahrt im Hingucker Hot-Rod-Tour durch Dresden

→ Hübsche Flitzer vor hübscher Kulisse: die Hot Rods vor der Frauenkirche

Mit knatternden Motoren geht es übers Terrassenufer. Dampfer und Passanten fliegen nur so vorbei, während ihr im Hot Rod durch die Innenstadt düst. Ein kurzer Boxenstopp an der Frauenkirche, Fotosession inklusive. Schwer zu sagen, was schöner ist: Die bunt verzierten Flitzer, eine Art Gokart, oder die barocke Kulisse?

Fakt ist: Bei einer Stadtrundfahrt im Mini-Rennwagen entdeckt ihr Dresden aus neuen Perspektiven. Die Hotspots entlang der Elbe werden zur dekorativen Nebensache, während ihr begleitet vom Safetycar eure Runden dreht. Für diese rasante *Hotsoxx®-Stadtrundfahrt* müsst ihr mindestens 21 Jahre alt und im Besitz eines gültigen Führerscheins der Klasse B sein. Die schicken Mini-Cabrios fahren bis zu 80 km/h und dürfen nur auf öffentlichen Straßen genutzt werden.

Mindestens vier Leute müsst ihr sein, um starten zu dürfen. Für Fragen steht euch ein persönlicher Guide zur Verfügung, so fahrt ihr immer auf der sicheren Seite und braucht euch um technische Pannen keine Sorgen machen. Feste Schuhe an, Helm auf, dann geht's nach einer kurzen Einführungsrunde mit Vollgas ins Vergnügen. Start und Ziel befinden sich in der Emilienstraße, über Elbepark und Messegelände fahrt ihr in die Innenstadt, wahlweise bis zur Waldschlößchenbrücke oder zum Blauen Wunder – und über die andere Elbseite wieder retour. Wenn ihr mehr als nur Sightseeing wollt, könnt ihr die Tour mit extra Erlebnissen wie Bogenschießen oder einem Curry-Wurst-Stopp kombinieren, bevor es zurück in die Boxengasse geht.

INSIDER-TIPP
Boxenstopp mit Extrawurst

1 Hotsoxx® Stadtrundfahrten • Emilienstr. 20, 01139 Dresden • hotsoxx.de

Dresden. Einzigartig.
barock-eventpark.de
Die besten Steaks der Stadt
www.hotsoxx.de
www.hotsoxx.de

3-D-Bogenschießen im Jagdgebiet Wer trifft den Fasan?

Fuchs, Hase und Reh sollten sich in Acht nehmen! Auf dem 3-D-Bogenparcours im *Abenteuerpark Moritzburg* sind sie offiziell zum Abschuss freigegeben. Wie einst August der Starke kannst du hier mit Pfeil und Bogen auf die Jagd gehen. Doch keine Sorge: Den tierischen 3-D-Zielscheiben wirst du dabei gewiss nicht das Leben nehmen. Sie bestehen nur aus Schaumstoff und Holz und wären auf dem Teller ohnehin gänzlich ungenießbar.

← Weiß man ja: Übung macht den Meister …

Umso größer ist der Spaß, wenn du dich an den 13 Stationen als Bogenschütze ausprobierst. Nach einer kurzen Einleitung zur richtigen Handhabung des Bogens geht es direkt in den Wald. Ein Probeschuss unter Beobachtung und schon bist du auf dem 3-D-Bogenparcours ganz auf dich gestellt.

Wildschwein, Fasan und Co. warten geduldig auf bewaldeten Bahnen. Ohne Übung beginnst du besser an der gelben Markierung, versiertere Schützen können gleich von der roten aus schießen. Pfeil einlegen, Bogen spannen, zielen – und Schuss! Konzentriert triffst du ins Schwarze, jedes Tier ist eine neue Herausforderung. Der Pfeil ist knapp am Ziel vorbeigeschrammt? Kein Problem, probier es einfach noch einmal. Spätestens nach einer Runde hast ganz bestimmt auch du den Bogen raus.

Schonzeit heißt es anschließend bei einem Rundgang durch das *Wildgehege Moritzburg*. Der Eintritt ist im Preis des Bogenparcours inbegriffen. Rehe, Fasane, Wildschweine, Ziegen, Kaninchen und Schafe fühlen sich hier pudelwohl – und werden allenfalls von den neugierigen Blicken der Besucher »gejagt«.

2 Abenteuerpark Moritzburg (im Wildgehege) • Radeburger Str. 2, 01468 Moritzburg • abenteuerpark-moritzburg.de

3 Wildgehege Moritzburg • Radeburger Str. 2, 01468 Moritzburg

Wald-Ruine Erkunde die morbide Seite von Schloss Pillnitz

→ **Genau hinschauen! Ist das wirklich eine echte Ruine?**

Der Schein trügt. Die gotische Ruine auf dem Schlossberg in Pillnitz war nie ein richtiges Schloss und auch keine Burg. Ihre eingefallenen Mauern liegen gut versteckt unterm Blätterdach über dem Friedrichsgrund. Im Sommer sind sie nicht mal von der Straße aus zu erkennen.

Auf einem Spaziergang durch den Wald wirst du die Mauerreste früher oder später zwischen Bäumen hindurchschimmern sehen. Spitzbogenfenster und Ecktürmchen der *Gotischen Ruine Pillnitz* vermitteln den Eindruck, als erzählten sie vom Glanz vergangener Zeiten, doch weit gefehlt!

Du befindest dich im Wandergebiet des Sächsischen Kurfürsten, der diese künstliche Ruine im Jahr 1785 anlegen ließ. Als Sinnbild der Vergänglichkeit alles Geschaffenen sollte sie eine bewusste Ergänzung zum nur 500 m südlich gelegenen Schloss Pillnitz sein. Sozusagen die Kehrseite des Schönen.

Die Ruine war damals ein beliebtes Wanderziel des Kurfürsten. Sie besaß eine Küche, damit er im Speisesaal mit seinen Gästen fürstlich tafeln konnte. Wenn du durch die hohen Fenster schaust, siehst du den Kamin, der noch immer funktionieren soll.

Obwohl es hier schon lange keine Bankette mehr gibt, strahlt der Ort bis heute eine wundersame Mystik aus. Seit 2019 führt eine Spindeltreppe an der Rückseite der Ruine auf die Aussichtsplattform, von der aus du die Umgebung einschließlich Schloss und Park Pillnitz von oben bestaunen kannst. Genieß den Ausblick wie der Kurfürst einst, bevor du deine Wanderung durch den Friedrichsgrund fortsetzt!

4 **Gotische Ruine Pillnitz • Wünschendorfer Str. 6, 01326 Dresden**

SONDERAUSSTELLUNG
Glashütter Uhren – Wie alles begann
SONDERAUSSTELLUNG

Am Puls der Zeit Auf den Spuren eines Uhrmachers

Tick, tack, tick, tack. Die Zeit verrinnt. Wusstest du, dass im Dresdner Zwinger einst der Grundstein für die deutsche Präzisionsuhrmacherei gelegt wurde? Ferdinand Adolph Lange hat damals die Zeichen der Zeit erkannt und in seiner Heimatstadt eine der ersten deutschen Uhrenmanufakturen gegründet.

Folge den Spuren seines Wirkens zunächst im *Mathematisch-Physikalischen Salon*. Als Lange hier um 1835 den Beruf des Uhrmachers erlernte, war der Zwinger der Zeitdienst, der Dresden mit einer präzisen Uhrzeit versorgte. Alle sächsischen Uhren wurden nach den Vorgaben der Uhren im Zwinger getaktet. Noch heute kannst du im Salon eine der bedeutendsten Uhrensammlungen der Welt sehen und die Entwicklung der Uhr von der frühen Neuzeit an verfolgen.

Und da kommt Ferdinand Adolph Lange erneut ins Spiel: Nach Wanderjahren in Frankreich, der Schweiz und Großbritannien baute er im Erzgebirge eine Art Silicon Valley der Uhrmacherkunst auf. Im *Deutschen Uhrenmuseum Glashütte* verfliegt die Zeit, wenn du Langes Weg als Unternehmer verfolgst und dabei der typischen Bauweise der Glashütte-Uhren auf der Spur bist. Gib dich der Faszination der tickenden Zeitmesser hin: Winzig kleine Rädchen und historische Apparate erzählen, wie Lange die Präzision von Taschenuhren perfektionierte und Glashütte zu einem weltweit bekannten Zentrum der Uhrmacherkunst machte.

← Dreht die Zeit zurück: Das Deutsche Uhrenmuseum Glashütte zeigt die Geschichte der Uhrenindustrie auf

INSIDER-TIPP
Der Uhr auf der Spur

5 **Mathematisch-Physikalischer Salon • Zwinger, 01067 Dresden • mathematisch-physikalischer-salon.skd.museum**

6 **Deutsches Uhrenmuseum Glashütte • Schillerstr. 3a, 01768 Glashütte • uhrenmuseum-glashuette.com**

Gebäck als Promille-test Fummel statt Eierschecke

→ **Spezialität mit eingebackener Detektivfunktion: die Meißner Fummel**

Nein, es sind keine Brote, die festlich verpackt in den Regalen der *Konditorei Zieger* in Meißen lagern. Bei dieser »Fummel« handelt es sich auch nicht um eine alte Klamotte, sondern um ein Traditionsgebäck, das du wirklich nur in der Porzellanstadt bekommst.

Zerbrechlich wie Meißner Porzellan ist sie zudem, die Meißner Fummel. Die Geschichte zu dieser Instabilität geht auf eine höfische Anekdote mit Schuss zurück: Die Kuriere des Kurfürsten sollen auf dem Weg zwischen Meißen und Dresden gern mal einen Schluck zu viel vom guten Meißner Wein genommen haben. Da dies weder ihnen noch der kostbaren Porzellanfracht in den Packtaschen gut bekam, ließ sich der Kurfürst eine kleine List einfallen: Er befahl der Bäckerzunft in Meißen, ein leicht zerbrechliches Gebäck herzustellen, das die Kuriere bei der Rückkehr in Dresden heil vorzeigen mussten. Andernfalls wanderten sie ins Verlies.

Was auch immer an der Geschichte dran ist, Vorsicht ist bis heute geboten, willst du die Fummel heil nach Hause tragen. Wenn du sie am Küchentisch in tausend Teile zerschlägst, brauchst du natürlich keine Angst mehr haben, vom Kurfürsten eingesperrt zu werden. Auch ein Gläschen Wein dazu ist durchaus erlaubt! Sei nicht enttäuscht, denn der Schein trügt: Anders als die Dresdner Eierschecke ist die Fummel eine leichte, mit reichlich Luft gefüllte Nascherei aus Nudelteig. Möglicherweise war das Rezept damals aus dem türkischen Raum inspiriert. Hergestellt wird die Fummel seit 1844 in der Bäckerei Zieger nach einem geheimen Familienrezept. Heute bekommst du sie nur noch dort!

7 Konditorei Zieger • Rote Stufen 5, 01662 Meißen • konditorei-zieger.de

Alpine Schatzsuche
Geocaching zwischen den Bergbahnen

Schwebe- oder Standseilbahn? Tja, mit gleich zwei Bergbahnen in städtischer Umgebung hast du sprichwörtlich die Qual der Wahl! Beim Geocaching kannst du beide Bahnen ausprobieren und die Fahrt mit einer Wanderung inklusive Schatzsuche verbinden. Dabei entdeckst du das Viertel zwischen Schwebe- und Standseilbahn auf spielerische Weise neu.

← **Sich verleiten lassen: Koordinaten führen dich beim Geocaching von der Schwebebahnstation zur …**

← **… Standseilbahn (funktioniert auch in umgekehrter Richtung)**

Für die *Geocaching-Tour* musst du gut zwei Stunden einplanen. Du benötigst ein Smartphone mit entsprechender App oder ein GPS-Gerät und gutes Schuhwerk. Den Flyer für die Tour lädst du dir vorab online aufs Handy *(dvb.de/de-de/entdecken/bergbahnen)* oder holst ihn dir direkt an der Talstation einer der Bergbahnen ab.

Und dann geht's los! Wahlweise fährst du mit der *Schwebe- oder Standseilbahn* hinauf und beginnst deine Schatzsuche, welche dich durch die schönsten Ecken in Loschwitz und auf dem Weißen Hirsch führt. Über zehn Stationen gelangst du von einer Bergbahn zur anderen, spazierst durch wunderhübsche Villenviertel und eine romantische Landschaft einmal ins Tal und wieder hinauf. Am Weg begegnen dir längst vergessene Ausflugsziele, Denkmale, ein Skulpturengarten und allerhand Geschichten aus Dresden. Immer wieder eröffnen sich herrliche Aussichten auf die Elbe, das Blaue Wunder und die umliegenden Viertel. Hast du den Schatz gefunden? Dann abwärts mit der Bahn. Zum Abschluss kannst du die Tour bei einem Loschwitzer Bier im *Bräustübel* ausklingen lassen.

INSIDER-TIPP
Bier vom Elbhang

8 **Schwebebahn • Pillnitzer Landstr. 5, 01326 Dresden • dvb.de**

9 **Standseilbahn • Körnerplatz 3, 01326 Dresden • dvb.de/de-de/entdecken/bergbahnen**

10 **Bräustübel Dresden • Körnerplatz 3, 01326 Dresden • braeustuebel-dresden.de**

Oper am Bach Mit Wagner durch den Liebethaler Grund

↓ **Zauberhaft, mystisch: Kein Wunder, dass Richard Wagner im Liebethaler Grund beflügelt wurde**

↓ **Allein die Figur des Richard-Wagner-Denkmals ist 4,2 m hoch**

Freudig springt der Bach über Felsen und Baumwurzeln, Vögel zwitschern, die Sonne blinzelt warm zwischen grünen Wipfeln hinab. Hörst du die Musik, die diese Szene in ein Gemälde aus Klang zu gießen scheint?

Im *Liebethaler Grund* kannst du Richard Wagners Oper »Lohengrin« fern vom Pomp der Musiktheater einmal ganz anders erleben. Zugegeben, ein bisschen kitschig ist es schon, wenn am Fuß des monumentalen Wagner-Denkmals – dem größten weltweit – plötzlich das Prélude zum »Lohengrin« aus Lautsprechern durch den Wald tönt. Doch die Musik passt! Du wirst schon sehen!

Und während du gemütlich durch den Grund wanderst, dich an bizarren Felsgesichtern, moosbewachsenen Bäumen und dem Plätschern der Wesenitz erfreust, siehst du beim Klang der ersten Töne vor deinem inneren Auge manch fantastisches Wesen durch das Tal huschen. So ähnlich jedenfalls muss es einst Richard Wagner ergangen sein, als er im Liebethaler Grund im Sommer 1846 die Oper »Lohengrin« konzipierte.

Die Lochmühle, in der er damals mit seiner Frau Minna wohnte, ist heute bloß noch als Ruine erhalten – und verströmt ebenso wie das alte Elektrizitätswerk Pirna-Copitz morbiden Charme in malerischer Naturumgebung. Entrückt von der Zeit spazierst du immer am Bach entlang, suchst zwischen den Felsen nach vierblättrigen Kleeblättern. Ein bisschen fühlt es sich an wie eine Wanderung durch eine Märchenwelt, in der neben Wagner schon die Maler der Romantik und Hans Christian Andersen Inspiration fanden.

11 Liebethaler Grund • 01796 Pirna • wagnerstaetten.de

Zeitreise durch die Festung Folge dem Geist!

Es grollt Kanonendonner über der Stadt, Blitze gehen nieder, Feuersbrunst und Regen wechseln sich ab. Was waren das für Zeiten, in denen Dresden mit hohen Bastionen und einer dicken Festungsmauer vor seinen Feinden geschützt werden musste. Teile dieser Festung stehen bis heute am Terrassenufer, wo du in wenigen Schritten von der Gegenwart in die turbulente Geschichte der Stadt reisen kannst.

Kopfhörer auf und los geht's mit *Festung Xperience!* Mithilfe von Klang und Videoprojektionen wird das Gewölbe unter der Brühlschen Terrasse wieder lebendig. Der Geist von Herzog Moritz, dem Erbauer der Dresdner Festung, führt dich durch das alte Gemäuer rund 500 Jahre zurück. Moritz zeigt dir, wo früher das Schwarzpulver lagerte und Kanonenkugeln für den Krieg gegossen wurden. Du schaust in dunkle Verliese, hörst Ketten von Gefangenen klappern und den Regen über dem großen Kanonenhof niederprasseln.

Schließlich gelangst du zum Verlies, in dem August der Starke nicht nur fiese Bösewichte, sondern auch Johann Friedrich Böttger einsperrte. Der Alchimist schuf hier unten zwar kein Gold, er erfand jedoch das europäische Porzellan, während oben auf der Brühlschen Terrasse fürstlich gefeiert und getratscht wurde.

Du hast noch keine Lust, die Rückreise in die Gegenwart anzutreten? Kein Problem: Im Zwinger kannst du die Zeitmaschine erneut anwerfen und mit *Zwinger Xperience* durch die Geschichte des barocken Prunkbaus radeln. Für die Zukunft bleibt danach noch immer genug Zeit!

← Multimedial lebt Dresdner Geschichte auf

← Hört sich gut an! Festung Xperience erwartet dich mit einer ausgefeilten Soundtechnologie

12 **Festung Xperience • Brühlsche Terrasse, Terrassenufer, 01067 Dresden • festung-xperience.de**

13 **Zwinger Xperience • Theaterplatz, 01067 Dresden • zwinger-xperience.de**

Wo alles begann Wanderung zum Ursprung Dresdens

→ Zwischen Plattenbauten startest du am Palitzsch-Museum deine Tour

Barock war gestern. Auf dem *Archaeo-Pfad* wanderst du mehrere Jahrtausende in die Vergangenheit. Der kunsthistorische Rundweg führt dich 11 km entlang des Geberbachs, in dörfliche Ecken sowie durch moderne Wohngebiete zum Ort der ersten menschlichen Siedlung in Dresden.

Am besten beginnst du die Tour am Palitzsch-Museum *(palitzsch-museum.de)* im Herzen von Prohlis. Das Plattenbaugebiet ist zwar nicht gerade als Kultur-Hotspot bekannt, kann jedoch auf stolze 7000 Jahre Ortsgeschichte zurückblicken – und gilt damit als die Wiege der Sachsen. Im 18. Jh. lebte hier auch der Bauerngelehrte Johann Georg Palitzsch. Ein kluger Kopf, der die Montage eines Blitzableiters auf dem Dresdner Schloss empfahl und 1758 zu Weltruhm gelangte, als er den Halleyschen Kometen wiederentdeckte.

Nach diesem astronomisch-ortsgeschichtlichen Exkurs wirst du die Platten-Siedlung mit anderen Augen sehen. Folge dem Archaeo-Pfad am Geberbach nach Nickern bis Kauscha und tauche an den elf Infostelen in Dresdens Frühgeschichte ein.

Archäologische Funde haben gezeigt, dass die Menschen hier lange vor den alten Ägyptern schon Gigantisches schufen: große Kreisgrabenanlagen, deren technische Raffinesse beachtlich war, auch wenn heute niemand weiß, ob sie als Tempel oder Märkte genutzt wurden. Bronze, Bernstein, Grabstätten – die Tafeln offenbaren, welch geschichtlicher Reichtum sich unter der Erde verbirgt. Zu Fuß oder mit dem Rad lohnt die Tour auch der idyllischen Landschaft rings um den Geberbach und der Aussicht vom Trutzsch wegen.

14 Archaeo-Pfad Dresden durch Prohlis und Nickern • dresden.de/media/pdf/leuben/Archaeo-Pfad-Wanderkarte.pdf • Start: Palitzsch-Museum, Gamigstr. 24, 01239 Dresden

JOHANN GEORG PALITZSCH

Paddelnd durchs Gebirge Erkundungen vom Kanu aus

Wildromantische Felsformationen und herrliche Aussichten: Die Sächsische Schweiz ist nicht nur ein Eldorado für Kletterfreaks. Auch vom Wasser aus kannst du das Elbsandsteingebirge von seinen schönsten Seiten erkunden. Tausche deine Wanderschuhe einen Tag lang gegen zwei Bootspaddel und stürze dich ins nasse Vergnügen.

← Ungewohnte Perspektive – die Sächsische Schweiz vom Wasser aus erleben

Bei einer Tour von Bad Schandau nach Wehlen erlebst du das Herzstück der Sächsischen Schweiz von der Elbe aus. Am Ausgangspunkt blinken dir von fern noch die berühmten Schrammsteine entgegen, bevor du paddelnd die Festung Königstein und den Lilienstein passierst. Unterhalb vom Kurort Rathen siehst du die Bastei mal aus einer ganz anderen Perspektive. Das Schöne ist: Die Tour ist auch für Anfänger geeignet. Etwa drei bis vier Stunden solltest du für die 16 km lange Strecke einplanen.

Die etwas gemächlichere Variante führt dich elbabwärts von Königstein nach Pirna. Pack den Picknickkorb ein und such dir ein schönes Rastplätzchen mit Blick auf den Lilienstein, die Festung Königstein, die Bastei oder das Schloss Sonnenstein in Pirna. Am Ziel angelangt, kehrst du mit dem Powerboot rasant zum Ausgangspunkt zurück.

Bei *Kanu Aktiv Tours* kannst du aus einer Vielzahl von Wassersportangeboten und Touren durch die Sächsische Schweiz wählen. Du willst deine Oberarme schonen und lieber einmal im Powerboot über die Elbe düsen? Auch kein Problem. Wenn du auf Action stehst, probier eine Kombination aus Quadtour und Wassersport aus!

INSIDER-TIPP
Rasant durchs Gebirge

15 **Kanu Aktiv Tours • An der Elbe 12, 01796 Pirna • kanu-aktiv-tours.de, adventure-quads.de**

Hat da jemand »Essen« gesagt? Na klar! Aber nur das leckerste und nur in der schönsten Umgebung. Geh auf Foodietour! Wo es die besten geräucherten Forellen gibt, Flammkuchen im Elbhang und Bratwurst vom Sternekoch. Und danach ein außergewöhnlicher Cocktail?

Die Lecker bissen

Verführerisches von süß bis deftig

Gerösteter Muntermacher In der Kaffee- und Kakaorösterei

→ **In der Rösterei bekommst du ganze oder gemahlene Bohnen für viele Zubereitungsmethoden**

→ **Wie entsteht dieser herrliche Kaffebohnen-Duft? Bei einer Führung erfährst du's!**

Die Melitta-Bentz-Straße liegt gleich um die Ecke. Als wolle die Erfinderin der Filtertüte die Besucher in der *Dresdner Kaffee- und Kakaorösterei* dezent daran erinnern, wem sie den Genuss von gutem Filterkaffee zu verdanken haben.

Allein der Duft der frisch gerösteten Bohnen zaubert Kaffeejunkies beim Betreten des Werksverkaufs sofort ein Lächeln ins Gesicht. Karsten Lehmann und seine Mitarbeiter rösten in der Albertstadt in einem traditionellen Verfahren rund 10 t Kaffeebohnen im Jahr.

Bei einer Rösterei-Führung schaust du hinter die Kulissen der Kaffeeproduktion und erfährst allerhand interessante Fakten über den bitteren Muntermacher. Wie du selbst zum Barista wirst und deine Freunde mit leckeren Kaffee-Kreationen überraschen kannst, erlernst du in verschiedenen Seminaren der hauseigenen Kaffeeschule, die die Rösterei wie die Führungen nach Anmeldung regelmäßig anbietet.

Für die kleinen Besucher gibt es biozertifizierten Kakao und eine süße Geschichte mit den Kakaohelden Pino und Timba, während sich die Großen durch verschiedene Sorten Kaffee probieren können. Das Sortiment an Ideen, die Kaffeegenuss zum Erlebnis für alle Sinne machen, vergrößert sich hier ständig. Wenn du da bist, solltest du unbedingt den Likör aus der Kaffeekirsche probieren, die ähnlich herb wie Hagebutte schmeckt.

INSIDER-TIPP
Likör für Kaffee-Junkies

1 Dresdner Kaffee- und Kakaorösterei • Meschwitzstr. 5, 01099 Dresden • dresden-kaffee.de

Frisch aus dem Ofen
Flammkuchen-Picknick mit Ausblick

Golden lodert das Feuer im Holzbackofen, während auf der Elbe hupend ein Dampfer vorbeifährt. Du sitzt gemütlich im Elbhang, blinzelst in die Sonne und genießt ein Glas Riesling aus Dresden.

Nur wenige Schritte weiter tummeln sich auf den drei Elbschlössern Touristen, aber das stört dich an diesem ruhigen Fleckchen Erde nicht die Bohne. Im Ofen backt ein knuspriger Flammkuchen, von Hand gerollt und direkt am Hang frisch für dich zubereitet.

Das Team von *Winzer Lutz Müller* am Schloss Albrechtsberg lässt sich bei der Arbeit unter freiem Himmel gern über die Schulter schauen. Je nach Jahreszeit kannst du hier verschiedene Flammkuchen-Kreationen zum Wein genießen: vom Klassiker mit Schmand, Zwiebeln, Speck und Käse bis hin zu saisonal wechselnden Versionen mit Pfifferlingen, Lachs, Spargel oder Ziegenkäse. Zum Dessert darf es gern auch ein warmer Flammkuchen mit süßen Erdbeeren sein – ganz wie du magst!

Entschleunigung ist dabei das Zauberwort. An schönen Tagen kann es schon mal vorkommen, dass alle Bänke bei Müllers im Weinberg besetzt sind und du mit der Picknickdecke auf die Wiese oberhalb des Ausschanks ausweichen musst. Doch keine Sorge, hier bist du nicht allein und romantisch ist es sowieso! Die Wartezeit, bis dein Flammkuchen, frisch gebackenes Brot oder der Käse-Oliven-Teller vor dir steht, kannst du bei einem Glas gutem Wein und netten Gesprächen mit Blick auf den Fluss entspannt überbrücken.

← Was passt am Weinberg besser, als gemütlich ein Glas Wein zu trinken, …

← … am besten noch mit leckerem Flammkuchen und Aussicht!

2 Winzer Lutz Müller • Bautzner Str. 130, 01099 Dresden • winzer-lutz-mueller.de

Tafeln wie Hans im Glück Forelle direkt von der Quelle

↓ **Hübsch umgeben von Grün liegt die Forellenräucherei Leuschke da …**

↓ **… und die frisch geräucherte Forelle vor dir**

Sie springt in der Sächsischen Schweiz fast überall vom Teich auf die Teller der Gäste: die heimische Forelle. Im Kurort Rathen kannst du die munteren Fischlein im Mühlenteich schwimmen sehen, während du an der Theke der *Forellenräucherei Leuschke* eine Portion Räucherforelle mit Schwarzbrot, Meerrettich und saurer Gurke orderst.

Der kleine Imbiss liegt zehn Gehminuten von der Elbfähre entfernt und hat sich nicht nur bei den Besuchern der Felsenbühne

Rathen als Geheimtipp für ein schmackhaftes Abendbrot vor der Theatervorstellung herumgesprochen. Auch Wanderer, die vom Amselsee kommen oder den Weg über die Schwedenlöcher zur Bastei ansteuern, stärken sich hier im Schatten der Sonnensegel gern mit frisch geräucherten Forellen, Fischbrötchen oder – falls es lieber etwas ohne Schuppen sein soll – mit Wiener Würstchen, sächsischem Kartoffelsalat und hausgemachter Soljanka.

Was heute in den großen Städten hip als biologisches »Low Food« bezeichnet wird, ist hier längst selbstverständlich: Bei Leuschke gibt es keine Fritteuse. Von der kleinen Brücke aus kannst du die Forellen im Teich füttern und dich davon überzeugen, dass jeder Fisch, der hier im Räucherofen landet, gewiss ein gutes Leben hatte. Mehrmals am Tag wird je nach Bedarf frisch auf Holz geräuchert – und das nicht nur den Sommer über! Im Winter glimmt in der kleinen Holzbaude der Kamin, damit die Finger beim Grätenlesen nicht kalt werden.

3 Forellenräucherei Leuschke • Amselgrund 6, 01824 Rathen • forellenräucherei-rathen.de

obergärig.de

Hopfenküche im Hinterhof Braue dein eigenes Bier

Auf den ersten Blick sieht es hier aus wie im Chemielabor: große Pötte, Glasgefäße und Leitungen aus Gummi. Was gerade noch auf dem Ofen blubbert, wird bald als kühles Blondes in die Tulpen fließen. In der *Hausbrauerei Schwingenheuer* kannst du Dresdner Biere namens »Hecht Alt« oder »Elbhang Rot« kaufen und auch selbst zum Bierbrauer werden.

Inhaber Christian Schwingenheuer schwört, dass er in 20 Jahren die meisten Hobby- und Gasthausbrauer aus der Region ausgebildet hat. Und es werden ständig mehr. Denn nach wie vor erfreut sich sein Bierbrau-Seminar riesiger Beliebtheit. Mit Einkochkessel, Küchensieb und Dampfentsafter kannst du Hopfen, Malz und Gerste zu einem süffigen Sud verarbeiten. Jeder Zwischenschritt wird verkostet, Qualitätsprobe muss sein!

Und weil das Ergebnis eines zehn Stunden langen Brautages anschließend noch rund vier Wochen Reifezeit benötigt, darfst du während der Arbeit ruhig schon mal am Zapfhahn ziehen. Insgesamt 180 000 Flaschen im Jahr produziert die Hausbrauerei in der Dresdner Neustadt – beliebt sind die sieben Sorten bei Anwohnern und Lokalen gleichermaßen. »Bier wie vor 100 Jahren«, verspricht der Chef, alles von Hand gemacht und in Bio-Qualität.

Dir dauert das Brauen zu lange? Melde dich für eine »Expedition ins Bierreich« an. Schalander heißt die Verkostestube, in der du das obergärige Brauverfahren geschmacklich erkundest. Solltest du es dann doch selbst ausprobieren wollen: Im Ladengeschäft der Brauerei bekommst du neben Dresdner Ales in schönen Bügelverschlussflaschen auch sämtliche Equipment, das du fürs Bierbrauen in der eigenen Küche brauchst.

← Vom Meister lernen: Christian Schwingenheuer führt dich in die Welt der Bierbrau-Kunst ein

INSIDER-TIPP
Bio-Ale aus eigener Produktion

4 Hausbrauerei Schwingenheuer • Schönbrunnstr. 1, 01097 Dresden • obergaerig.de

Im Kakao-Paradies

Handgemachte Schoko-Kreationen

→ **Amina Kühnel, die Schokoladen-Meisterin**

→ **Was darf's sein? Am liebsten gleich von jeder Sorte etwas!**

Bitte einmal auf der Zunge zergehen lassen: Dresden hat die Naschindustrie für alle Zeit geprägt. Weder Adventskalender noch Dominosteine oder Telläpfel fände man im Supermarkt, wären sie nicht hier erfunden worden. Eine, die die Tradition der einstigen Schokoladenhauptstadt Deutschlands bis heute weiterträgt, ist Amina Kühnel.

Die gebürtige Marokkanerin hat das Dresdner Schokoladenhandwerk vor mehr als zehn Jahren neu erfunden. In ihrem kleinen Geschäft kreiert sie unzählige Sorten, alle mit Herz und von Hand gemacht. Dabei kombiniert sie die süßen Bohnen gern mit typischen Zutaten aus dem Orient und verbindet so Dresdner Handwerkstradition mit den Aromen ihrer Heimat.

INSIDER-TIPP
Nix mit Zucker!

Über 70 Sorten Pralinen zählt ihr Rezeptbuch. Hinter der Theke des *Dresdner Schokoladenhandwerks* findest du neben Klassikern mit Mandeln und Nougat auch Varianten mit Rosenwasser und Kardamom. Pralinen mit Sesam oder die Schokotaler mit Granatapfel, weißen Feigen und Pistazien laden dich auf eine süße Reise um die Welt ein. Neben veganen Tafeln gehört auch eine zuckerfreie Schokolade zum Sortiment. Sie ist nur mit Fruchtzucker aus der Schokoschote gesüßt, eine echte Rarität!

In der Werkstatt nebenan kannst du die Mitarbeiter mit etwas Glück bei der Produktion beobachten, während Amina Kühnel hinterm Tresen liebevoll deine Pralinenauswahl eintütet. In regelmäßig stattfindenden Kursen gibt sie ihr Handwerk an andere weiter. Kreiere deine eigene Pralinensorte und werde Teil der Dresdner Schokotradition!

5 Dresdner Schokoladenhandwerk • Bautzner Str. 65, 01099 Dresden • dresdner-schokoladenhandwerk.de

Wo das Korn zum Laib wird Brotbacken in der Mühle

Das große Mühlrad dreht sich nur noch bei Schaurundgängen. Dennoch kannst du in der *Zschoner Mühle* mehr als nur zusehen, wie früher Korn zu Mehl verarbeitet wurde.

Beim Brotbacken trittst du in der Backstube eine kleine Zeitreise an und spürst auf unterhaltsam humorvolle Weise dem traditionellen Weg vom Korn zum Brot nach. Schlüpf für eine Stunde in die Rolle des Bauern oder der Magd und versetz dich in die Situation der Menschen vor 400 Jahren, die ihr täglich' Brot nicht einfach im Supermarkt kaufen konnten. Ihre Mahlzeiten waren allein von der Gunst der Wettergötter und dem Geschick der Pferdefuhrwerke abhängig. Erfahre, wie aus vollen Körnern ein saftiger Brotlaib wird, und knet mit deinen eigenen Händen einen Teig, der wenig später im Ofen auf dem Hof ein köstliches Aroma verströmt.

Eine Mühlenführung eröffnet dir den Blick auf die Technik, mit der vor 100 Jahren Korn zu Mehl vermahlen wurde. Du wolltest schon immer wissen, wo es in der Mühle klappert? Hier kannst du es sehen! Im Winzermuseum erfährst du mehr über die Arbeit in den Merbitzer Bauernbergen. Du kannst aber auch einfach herkommen, um umgeben von der Natur eine herzhafte Mahlzeit im Hoflokal oder eine Vorstellung im Puppentheater zu genießen.

Die 500 Jahre alte Wassermühle ist ein beliebter Ausgangspunkt für Spaziergänge durch den Zschoner Grund. Naturnah produziert wird hier bis heute: Über weite Obstwiesen gelangst du zum *Vorwerk Podemus*, das sich seit 1991 dem biologischen Landbau verschrieben hat und mehrere Bio-Läden betreibt.

← Zeit für eine Pause: Im Hof der Zschoner Mühle lässt es sich herrlich sitzen

← Dass Brot backen gar nicht so schwer ist, lernst du hier

INSIDER-TIPP
Mühlentechnik hautnah erleben!

6 **Zschoner Mühle • Zschonergrund 2, 01156 Dresden • zschoner-muehle.de**

7 **Vorwerk Podemus • Podemuser Ring 1, 01156 Dresden • vorwerkpodemus.de**

Bratwurst beim Sternekoch Biergarten mit Erlebnisfaktor

→ Wandlungsfähiger Alleskönner: Im Sommer ist der Konzertplatz Weißer Hirsch Kino, Theater und Konzerthalle, …

→ … im Winter Eislaufbahn und Winterland

Auf den ersten Blick ist es ein gemütlicher Biergarten im Wald, auf den zweiten offenbart sich auf der Speisekarte am *Konzertplatz Weißer Hirsch* der Sinn für das Besondere. Als Sternekoch Stefan Hermann nach Dresden kam und sein erstes Restaurant eröffnete, stolperte er just über den damals ungenutzten Platz am Rand der Dresdner Heide. Der Chef der *Villa Sorgenfrei* steckte allerhand Ideen und Herzblut da rein, um aus dem ehemals vergessenen Ort ein wahres Kleinod der Erholung zu machen.

Im Sommer kannst du hier Konzert-, Kino- und Theatervorstellungen erleben, im Winter auf Schlittschuhen auf der Eisbahn deine Runden drehen. »Immer ein bisschen mehr« ist die Philosophie des Kochs und das gilt auch für seine hausgemachten Biergartenspezialitäten. Ob Käsespätzle, Suppe oder saftiges Steak, am Konzertplatz schmeckt's zu jeder Jahreszeit. Probier unbedingt die hausgemachte Bratwurst, wenn du vorbeischaust! Dazu gibt's eine Portion leichten Kartoffel-Gurken-Salat, und das alles zu bodenständigen Preisen.

INSIDER-TIPP
Limonade mit Zisch

Keine Frage, dass auch die Getränkekarte mehr als das übliche Einerlei aus Bier und Spezi aufbietet. Saisonal wechseln erfrischende Limonadenkreationen aus Minze, Rosmarin, Gurke oder Holunder mit Glühwein und Apfel-Quitten-Punsch. Sogar die stillen Örtchen haben am Konzertplatz Stil! Der neueste Clou dort ist das Wirtshaus in der urigen Waldhütte, wo gutbürgerliche Hausmannskost serviert wird. Denn mehr ist eben nie genug.

8 **Konzertplatz Weißer Hirsch • Stechgrundstr., 01324 Dresden • konzertplatz-weisser-hirsch.de**

9 **Villa Sorgenfrei • Augustusweg 48, 01445 Radebeul • hotel-villa-sorgenfrei.de**

15

Flüssige Kunstwerke
Originelle Cocktails in der Sonderbar

Das Klappern des Shakers ist ein aufregender Begleiter durch den Abend. In der *Sonderbar* trifft seit 1994 rustikaler Charme auf Genuss mit Stil. Natürlich findest du unter den 99 Cocktails auf der Karte Klassiker wie Piña colada oder Cuba Libre. Doch bloß nicht so langweilig! Die meisten Mixgetränke, die hier serviert werden, sind Eigenkreationen und dazu gemacht, die Geschmacksnerven der Gäste mit frechen Kombinationen zu verführen.

Das Team vermixt alles, was Aroma hat: Neben Hochprozentigem wandern auch schon mal gemahlener Rucola oder Birnenkonfitüre in den Shaker. Sortiert nach Kategorien wie »Fruchtig und Lieblich«, »Kräftig und Elegant«, »Bitter und Streng« oder »Hopfig und Malzig« bekommst du eine erste Orientierung, wo die Reise hinführen könnte. Lass dich dabei unbedingt von den Mitarbeitern beraten! Sie sind wahre Künstler in dem, was sie tun, und sehen dir an der Nasenspitze an, welcher Cocktail zu deinem Geschmack und zur Stimmung des Abends passt. Du magst Bier und Whisky? Vielleicht wirst du überrascht sein, wie gut eine Mischung aus beidem schmecken kann. Ein echter Geheimtipp ist zudem das hausgemachte Gingerbeer, das anders als die Limonaden aus dem Supermarkt wirklich gebraut ist.

Dir kribbelt es beim Zusehen in den Fingern und du willst selbst einmal den Shaker schwingen? Das Team der Sonderbar bietet regelmäßig Cocktailkurse an, in denen du das Einmaleins für gute Mixgetränke erlernen kannst.

← Rustikal und mit Flair: die Sonderbar

← Geschüttelt oder gerührt? Bei Cocktailkursen lernst du, wie du selbst Drinks mixt

INSIDER-TIPP
Gingerbier selbst gebraut

10 **Sonderbar • Würzburger Str. 40, 01187 Dresden • sonderbar.de**

Genuss für Auge und Gaumen Pelmeni im Raskolnikoff

→ Ob im Hof oder im Haus – Pelmeni & Co. schmecken hier überall lecker

Pension und Kneipe im Kunsthaus oder Kunsthaus mit Kneipe und Pension? Egal! Das Raskolnikoff ist eine Institution mit Geschichte – und mit Geschmack. Hinter der abgewetzten Fassade in der Böhmischen Str. 34 verbirgt sich ein wahres Juwel für Touristen, Weltenbummler, Kreative und jene, die in Dresden richtig gut essen und zeitgenössische Kunst bestaunen wollen.

Bitte nicht verwechseln: Im Ensemble Kunsthaus Raskolnikow (mit w) befinden sich die Pension und das Restaurant Raskolnikoff (mit Doppel-f), welche Ende der 1990er-Jahre als Künstlerherberge gegründet wurden, die Türen aber natürlich auch vor Wochenendtouristen und Dresdnern nicht verschließen. Das Gasthaus ist Restaurant und Kneipe zugleich, egal ob zur Skatrunde im Hof oder für ein gutes Essen – hier sind alle willkommen.

Auf der Speisekarte findest du Landhausküche, in der ausgewählte Zutaten von Zulieferern des Vertrauens verarbeitet werden. Der Essig stammt aus Wien, der Senf aus Halle an der Saale, die Koteletts kommen aus Radeburg, die Tomaten aus Pirna. Legendär ist das Raskolnikoff jedoch für seine außergewöhnlichen Pelmeni-Kreationen. Neben dem Klassiker mit Rindfleisch und Sauerrahm gibt es inzwischen eine Liste mit 60 Varianten, die saisonal wechselnd auf den Tisch kommen. Zwei Mitarbeiter sind ausschließlich mit der hauseigenen Produktion der russischen Spezialität beschäftigt. Die stand hier zwar immer schon auf der Karte, eine russische Kneipe war das *Raskolnikoff im Kunsthaus Raskolnikow* aber nie. Geöffnet hat das Restaurant täglich. Du solltest aber besser vorher reservieren, wenn du einen Platz ergattern willst.

11 Raskolnikoff im Kunsthaus Raskolnikow • Böhmische Str. 34, 01099 Dresden • raskolnikoff.de

Karotten Mango
Pirnaer Tomaten 17,60
und Sesam 15,70
und Pfifferlingen
mit Aprikosen
und Neumanns Eis 6,90

VITAL
cranberry
VITAL
vanilla & chocolate
4,90€
Caramels tendres
Berlingot
3,90€
3,90€
3,-€
7,50€
7,90€

WEIN der WOCHE
Sommerweine
ab 2 Flaschen
10% Rabatt

Paris in Pieschen
Köstlichkeiten aus dem Frankreichladen

Das Herzstück ist die Käsetheke. Doch auch darüber hinaus wirst du im *savoir vivre – Mein Frankreichladen* auf den Geschmack kommen! Im Herzen von Pieschen hat Inhaber Uwe Sochor 1998 eine Oase der französischen Lebensart geschaffen. Der kleine Laden entführt seine Besucher mit Käse, Wein und vielem mehr ins Land des Genusses. Bring ruhig ein bisschen Zeit mit, wenn du herkommst. Im Ladenbistro gibt es kräftigen Café au lait zu französischem Gebäck und unzählige Leckereien zu entdecken.

Ob Fischkonserven aus der Bretagne oder Konfitüren aus der Provence – willst du dir ein Stückchen Frankreich auf den Tisch holen, bist du im savoir vivre am rechten Platz. Baguettes, Croissants und Fougasse kommen frisch gebacken nach original französischen Rezepten in die Regale. An der Käsetheke hast du die Wahl aus mehr als 150 Sorten, die das Geschäft von zwei französischen Reifekellern bezieht, in denen traditionelles Handwerk noch groß geschrieben wird. Die kompetente Fachberatung an der Frischetheke, regelmäßig stattfindende Weinverkostungen, thematische Frankreichabende und das Frühstücksbuffet am Samstag lassen nicht nur die Herzen von Frankreichfans höherschlagen.

»Die Dresdner sind viel in Frankreich unterwegs und wissen die Art zu leben dort sehr zu schätzen«, ist Uwe Sochor überzeugt. Mit seinem Geschäft bringt der gebürtige Sachse dieses Lebensgefühl auch an die Elbe. Neben Käse und Wein empfiehlt der Ladenchef die Schokoladentrüffel von Mathez, bei denen viele seiner Stammkunden regelmäßig schwach werden.

← Von Naschkram bis hin zu Wein – im savoir vivre ist Frankreich (kulinarisch) ganz nah

INSIDER-TIPP
Trüffel-Rarität von der Loire

12 savoir vivre – Mein Frankreichladen • Bürgerstr. 65, 01127 Dresden • mein-frankreichladen.de

Reise in die Highlands
Dem Whisky in die Seele schauen

INSIDER-TIPP
Den Whisky feiern

In den Regalen reiht sich Flasche an Flasche. Mehr als 200 Sorten Whisky stehen in der *Schmiede* auf der Karte. Der Gastwirt Ralf Morgenstern ist nach über 20 Jahren in seinem Pub zum Experten für hochprozentige Brände aus der ganzen Welt geworden: Von Whiskys aus Schottland und Irland bis zu exotischen Tropfen aus Japan oder Indien reicht hier das Portfolio. Einmal im Jahr lädt das Team beim Whisky-Festival Brennereien und Whisky-Freunde von überall nach Radebeul ein, wobei mehr als 3000 Abfüllungen auf Kenner warten.

Im *Whiskyladen Radebeul* gleich um die Ecke kannst du kaufen, was du in der Schmiede zum guten Essen schon probiert hast. Wobei das Wort Whiskyverkostung in der Schmiede zu kurz greift, denn begleitet von traditioneller Musik gehst du bei den Tastings mit etwas »Gold im Glas« auf eine unterhaltsam kulinarische Reise in Sachen Whisky. Ralf Morgenstern ist der Kapitän, die Musiker sind die Matrosen. Sie werden im Lauf des Abends augenzwinkernd zu Voll-Matrosen, während du den Geschmack von sechs Whiskysorten sowie die schottischen Highlands stimmungsvoll erkundest.

→ Whisky soweit das Auge reicht: Im Whiskyladen Radebeul findest du allerlei Sorten!

Die einzelnen Schritte der Whiskyherstellung kannst du dir bei einer Führung in der *Dresdner Whisky Manufaktur* im Alberthafen anschauen. In der Brennerei werden mehrere Whiskysorten nach schottischem Vorbild gebrannt und natürlich auch verkostet.

13 **Die Schmiede • Altkötzschenbroda 21, 01145 Radebeul • schmiede-radebeul.de**

14 **Whiskyladen Radebeul • Bahnhofstr. 1, 01445 Radebeul • whiskyladen-radebeul.de**

15 **Dresdner Whisky Manufaktur • Magdeburger Str. 58, 01067 Dresden • hellinger42.de**

GLENROTHES
1996
MILTONDUFF
2007
ISLE OF JURA
BRAEVAL
RHOSDHU
TOMINTOUL
STRATHMILL
TORMORE
ISLAY
ROADBOOK
Raucher
ist tödlich
WHISKY
TASTINGFASS

Kochstunde im alten Bahnhof Wo der Weinkeller Küche ist

In Pirna denken Besucher nicht als Erstes an guten Sachsenwein. Gerade deshalb solltest du unbedingt bei Uwe Heller im alten Bahnhof vorbeischauen. In seiner Weinhandlung kredenzt er Rebsorten aus ganz Deutschland, darunter auch zwei Weine von Pirnaer Winzern, nach denen du woanders vergeblich suchen wirst.

INSIDER-TIPP
Gibt's nur hier!

Beim Blick aus den großen Rundbogenfenstern kannst du sogar sehen, wo die Weintrauben gedeihen. Doch nicht nur der edlen Tropfen wegen ist das *Barrique* im alten Bahnhof einen Besuch wert. Dreimal in der Woche servieren Uwe Heller und sein Team in dem historischen Sandsteinbau einen Mittagstisch zu fairen Preisen. Die Zutaten stammen überwiegend aus der Region, auch vegetarische und vegane Gerichte stehen auf dem Speiseplan. Während Touristen zumeist in den Restaurants der Innenstadt stranden, lieben die Stammkunden die kreative Abwechslung auf der Mittagskarte im Barrique, die traditionelle Gerichte aus der Region und internationale Spezialitäten vereint. Hier bekommst du eine gute Mahlzeit, ohne Konservierungsstoffe, ohne Glutamat!

Am Abend kannst du im Barrique selbst in den Töpfen rühren. Bei den regelmäßigen Kochkursen im Restaurant steht der gemeinsame Genuss im Vordergrund. Zusammen mit Freunden oder Gleichgesinnten schnippelst, kochst und backst du unter fachmännischer Anleitung ein Menü der Wahl, um hinterher am großen Tisch zu schlemmen. Den passenden Wein gibt es aus dem Keller des Barrique natürlich dazu.

← Früher Bahnhof, jetzt Weinhandlung: das Barrique

← Hmm ... bei den Mittagsgerichten im Barrique läuft das Wasser im Mund zusammen

16 **Barrique • Grohmannstr. 10, 01796 Pirna • weinhandlung-pirna.com**

Appetit auf Landleben

Galloway-Fleisch in der Schänke

Gemächlich schlängelt sich die Landstraße von Hohnstein bis Waitzdorf und dann siehst du plötzlich zwischen sattgrünen Weiden ein Stück Zivilisation aufblitzen. Die *Waitzdorfer Schänke* liegt tief im Herzen der Sächsischen Schweiz – mag sein, dass sich Fuchs und Hase hier abends unterm Sternenzelt fröhlich gute Nacht wünschen.

Der Grund, warum du definitiv in dem 45-Seelendorf vorbeischauen solltest, grast entspannt auf der Waitzdorfer Höhe, nur wenige Meter von der Schänke entfernt: Die schottischen Galloway-Rinder, die hier auf fünf Koppeln ganzjährig weiden, sind nicht nur bei den Stammgästen der Wirtschaft in aller

↓ Wirtshaus in Sicht! Als Zuflucht inmitten von Weiden sticht die Waitzdorfer Schänke hervor

↓ Die Spezialität des Hauses: das Galloway-Fleisch

Munde. Viele Dresdner kommen gern zu dem idyllischen Fleckchen Erde, um in der Pension übers Wochenende Ruhe von der Großstadt zu finden.

Corina Knopf führt den Familienbetrieb in der dritten Generation und weiß ihre Gäste mit viel Herzblut zu verwöhnen. Das Galloway-Fleisch ist der Renner in der Schänke, je nach Jahreszeit kannst du es zubereitet als Braten, Senffleisch oder Roulade mit Rotkohl und Klößen, in Brühe und Salami genießen. Aber nur, solange der Vorrat reicht! Mit Massenzucht hat man hier nämlich wirklich nichts am Hut. Die Speisekarte hält darüber hinaus Wild aus dem Nationalpark und die Lachsbach-Forelle aus der Zucht in Rathmannsdorf bereit.

Du bist gut beraten, vor dem Besuch telefonisch einen Tisch zu reservieren. Schließlich ist die Schänke in Waitzdorf die einzige weit und breit und weit über die Grenzen des kleinen Ortes hinaus für exzellente Hausmannskost bekannt.

17 **Waitzdorfer Schänke • Zum Dorfgrund 1, 01848 Hohnstein • schaenke-waitzdorf.de**

Kunst & Kultur! Zum Gucken. Zum Machen. Zum Mitmachen. Und manchmal auch zum Kaufen. Im Museum oder an der frischen Luft. Wo gezaubert, fotografiert und animiert wird. Wo Schauspieler im Vintage-Laden auftreten und duftende Seifen herkommen. Hier gibt's jede Menge kreativen Input!

Die kreativen Orte

Kunst & Kultur von gediegen bis hip

Szeneviertel neu entdeckt Schnitzeljagd mit Erich Kästner

→ **Noch heute beobachtet Erich Kästner sein Viertel gern**

→ **Mit Hut und einem Stapel Bücher: Am Albertplatz wurde dem Schriftsteller ein Denkmal gesetzt**

Sein Blick schweift über den Albertplatz. Von der Mauer an der Villa Augustin schaut der junge Erich Kästner lässig ins Gewühl: Passanten eilen vorbei, eine Straßenbahn hält quietschend, Autos hupen. Als der Schriftsteller ein kleiner Junge war, fuhren hier noch Pferdekutschen und aus dem Stall im Hof der Villa seines Onkels Franz Augustin wieherte es.

Kennst du Kästners Geschichten? »Emil und die Detektive« oder »Das doppelte Lottchen«? Eine interaktive Tour durch das »Erich Kästner Viertel« Neustadt, ein Projekt des *Erich Kästner Haus für Literatur e. V.*, fühlt sich an wie eine Schnitzeljagd auf den Spuren von Emil und Co. Mithilfe von QR-Codes entdeckst du an zehn typischen Kästner-Orten zwischen urigen Kneipen, süßen Cafés und kleinen Läden neue Facetten des Szeneviertels.

Hinter den bunten Hausfassaden auf der Königsbrücker Str. 66, 48 und 38 verbrachte Kästner seine Kindheit. In der Bäckerei George kaufte er Kuchen für die Familie – und setzte dem Geschäft später in den Detektiven ein literarisches Denkmal. Gönn dir hier ein Stück Kästner Eierschecke, bevor du zur nächsten Station in der Scheune, im Bülow Palais oder in der Villa Eschebach aufbrichst.

INSIDER-TIPP
Pausen-Snack

Waschechte Fans werden auf der Tour selbst zu Detektiven und lösen das Kästner-Rätsel, das es auch in einer Version für Erwachsene gibt. Wer die richtige Lösung findet, bekommt als Belohnung ein Freigetränk im Literaturcafé der Villa Augustin.

1 Erich Kästner Haus für Literatur e. V. • Antonstr. 1, 01097 Dresden • kaestnerhaus-literatur.de, erich-kaestner-viertel.de

Trödeln am Flussufer

Raritäten erstöbern unter freiem Himmel

Dresdens größte Fundgrube befindet sich am Elbufer, gleich am Fuß der Albertbrücke. Jeden Samstag lockt der Trödelmarkt an der Elbe unzählige Händler und Besucher an. Ob Bücher, Schallplatten, antike Lampen, Spielzeug, Kleidung oder Einrichtungsgegenstände aus zweiter und dritter Hand – das Markttreiben unter freiem Himmel zieht Schnäppchenjäger wie Spaziergänger gleichermaßen in den Bann.

← Stürz dich ins Gewusel an der Elbe und finde deinen (Trödel-) Schatz

Die Türme der Altstadt im Rücken kannst du hier nach Herzenslust stöbern. Bring leere Taschen mit zum *Elbeflohmarkt an der Albertbrücke,* aber selbstverständlich nicht die sprichwörtlichen! Gezahlt wird in bar, Verhandeln ist erlaubt. Ganz sicher entdeckst du bei mindestens einem der Trödler etwas, von dem du vorher noch gar nicht wusstest, dass du es unbedingt haben musst! Ein schönes Buch, ein altes Gemälde, die passende Kanne zu deinem Kaffeeservice oder einfach nur ein bisschen Modeschmuck – halte die Augen offen nach Raritäten, die du sonst nirgendwo findest.

Beim *Handmadde Markt* im Alten Schlachthof wird der Musikclub einmal im Quartal zur lauschigen Markthalle. Bei Händlern aus der Region gehst du auf die Suche nach individuellen Geschenken – und stößt garantiert jedes Mal wieder auf neue kreative Einzelstücke, die es zu erwerben lohnt. Liebevoll handgefertigte Accessoires, Mode, Dekoartikel, Papeterie, Möbel und Kunst gehören zum bunten Allerlei auf den Warentischen. Für die kleinen Besucher gibt es Angebote wie Basteln oder Kinderschminken.

2 **Elbeflohmarkt an der Albertbrücke • Elberadweg, 01307 Dresden • elbeflohmarkt.de**

3 **Handmadde Markt • Alter Schlachthof, Gothaer Str. 11, 01097 Dresden • handmademarkt.de**

Im Rhythmus der Lichtorgel Konzerte an der Hochschule

→ **Hinter der Fassade spielt die Musik!**

Dresdens modernster Konzertsaal befindet sich jenseits von Semperoper und Kulturpalast. Die *Hochschule für Musik Carl Maria von Weber* hat mit ihrem Anbau 2008 einen akustisch wie optisch mitreißenden Saal bekommen, der damals selbst den erfahrenen Kollegen aus Philharmonie und Staatskapelle neidische Blicke abrang.

An der Außenfassade wechselt die Lichtorgel im Rhythmus der Musik im Saal ihr Farbenspiel – und das Beste ist: In den heiligen Hallen am Wettiner Platz kannst du fast jeden Abend Konzerte erleben! Mit bis zu drei Aufführungen am Tag zählt die Musikhochschule zu den aktivsten Veranstaltern in der Stadt.

Da die Hochschule in den Fachrichtungen Klassik sowie Jazz/Rock/Pop ausbildet, kommt das musikalische Spektrum locker dem eines vollwertigen Konzerthauses gleich. Wenn du dich gern überraschen lässt, bist du hier genau richtig. Vom Sinfonieorchester bis zur Big Band reicht das Repertoire. Du kannst die Studenten bei öffentlichen Examensaufführungen live erleben. Manchmal gibt es mehrtägige Festivals oder Meisterkurse, bei denen auch international gefeierte Interpreten auf der Bühne stehen.

Der Eintritt zu den Veranstaltungen ist im Vergleich zu den großen Konzerttempeln erschwinglich, oft sogar frei. Das Entdeckungspotenzial und der Spaß sind sogar noch größer! Da in den vergangenen Jahren rings um die Hochschule ein kreatives Viertel mit netten Lokalen entstanden ist, kannst du den Abend dann bei einem Bier genüsslich ausklingen lassen.

4 **Hochschule für Musik Carl Maria von Weber • Wettiner Platz 13, 01067 Dresden • hfmdd.de**

Kunst aus der Dose

Street-Art-Tour in Dresden

Hoch über der Waltherstraße schaut der bunte Kopf aus Tausend Bildern auf die Stadt hinab. Du musst schon genau hinsehen, die Faszination des Graffitos von Saddo und Other offenbart sich erst auf den zweiten Blick: Vögel, Fische, Häuser, Panzer und ja, sogar ein Dino sind darin zu erkennen.

Das Kunstwerk bildet zugleich den Eingang zu Dresdens *Street-Art-Viertel in der Friedrichstadt*. Zwischen Industriebrachen, Neubauten und Jugendstilhäusern wanderst du hier durch eine der größten Street-Art-Galerien Europas.

Graffiti-Künstler Jens Besser trommelte 2011 die besten Künstler seiner Szene zusammen, um dem sonst eher grauen Stadtteil binnen eines Jahres frische Farbe zu verleihen. Sprayer aus der ganzen Welt machten damals die Brandwände der Friedrichstadt auf 2500 m² Fläche um zehn großflächige Murals bunter. Seitdem wächst die Galerie ständig und läuft den deutlich bekannteren Street-Art-Ecken in der *Äußeren Neustadt* langsam den Rang ab.

Wie viele Graffitis kannst du entdecken? Gehe auf einer geführten Tour *(nightwalk-dresden.de)* oder einfach so zum Spaß auf die Pirsch nach den Murals und kleineren Bildern aus der Dose. Vor dem riesa efau Kultur Forum in der Wachsbleichstraße springt dir die urbane Kunst förmlich entgegen. Ist der Blick erst geschärft, wirst du bald an allen Ecken über die Kreationen der Sprayer stolpern.

← Nix mit mausgrau: Die Friedrichstadt wie hier in der Behringstraße …

← … und Wachsbleichstraße zeigt sich von ihrer bunten Seite

5 **Street-Art in der Friedrichstadt: Walther-, Wachsbleich-, Behring- und Schäferstr. sowie Schweriner Str. und Adlergasse**

6 **Street-Art in der Neustadt: südlich vom Alaunpark, u. a. Rothenburger Str.**

Podcast zwischen Hieroglyphen Sensationen in der Bibliothek

→ **Neben dem Maya-Codex ist in der SLUB auch ein Pustaha, ein Zauberbuch, auf Baumrinde zu bestaunen**

→ **Pausenraum mit Kunst: die Bib Lounge**

Im Herzen der Corty Galerie lagert eine kleine Sensation. Die Schatzkammer des Buchmuseums in der »Sächsischen Landesbibliothek – Staats- und Universitätsbibliothek«, kurz SLUB genannt, beherbergt die einzige öffentlich zugängliche Maya-Handschrift in der ganzen Welt. Du kannst dir die 39 doppelseitig beschriebenen Blätter des Codex Dresdensis zu den Öffnungszeiten der *Corty Galerie in der SLUB Dresden* jederzeit anschauen. Winzige, zart gezeichnete Hieroglyphen, Zahlen und Bilder geben detaillierte Einblicke in Leben und Forschungen der Mayas und haben schon so manche Koryphäe an diesen Ort geführt.

Der Maya-Codex ist wohl das bekannteste Stück von rund 15 000 Handschriften und etwa 20 000 Musikautografen aus den Beständen der SLUB. Anhand einmaliger Dokumente wie den handgeschriebenen Notenblättern von Bach und Vivaldi gehst du in den wechselnden Ausstellungen auf Zeitreise!

In dem modernen Neubau am Zelleschen Weg trifft heute neueste Technologie auf das literarische Gedächtnis von Dresden. Die Bibliotheksräume dienen nicht nur Studenten und Wissenschaftlern zur Recherche. Zwischen den Regalreihen kannst du alte Schallplatten auf portable Datenträger ziehen oder deinen eigenen Podcast aufnehmen! Wenn der Wissensdurst deinen Hunger weckt, dann mache in der Cafeteria Bib Lounge Pause! Dort gibt es nicht nur Kaffee, Kuchen und Sandwichs zu studentischen Preisen, sondern auch regelmäßig wechselnde Fotoausstellungen mit Exponaten aus der Deutschen Fotothek zu sehen. Eintritt frei!

INSIDER-TIPP
Gratis-Fotoausstellung zum Kaffee

7 **Corty Galerie in der SLUB Dresden • Zellescher Weg 18, 01069 Dresden • slub-dresden.de**

loungeaffairs
fotografie über den tellerrand
frank höhler
überwiegend blau
deutsche FOTOTHEK

Blüthner

Kultur im Vintageladen Restaurator & Intendant in einem

Tagsüber ist das Blickzurück in der alten Bienertmühle ein liebevoll geführtes Geschäft für Vintagemöbel und Antiquitäten. Restaurator Steve Schneider arbeitet in seinem Laden alte Einrichtungsgegenstände auf. Qualität ist das Maß der Dinge für ihn, ob Wandregal aus den 1970ern oder Kommode von 1890: Langlebig und ästhetisch ansprechend soll es sein.

Suchst du nach universellen Möbelstücken, die die Zeit überdauern, bist du bei ihm genau richtig! Liebevoll ausgestattet verströmt der Laden einladende Gastlichkeit. An manchen Abenden hebt sich in der oberen Etage der Vorhang für exquisite Konzert- und Theateraufführungen. Dann schlüpft der Chef flugs in die Rolle des Kulturveranstalters, reißt Eintrittskarten ab und gießt den Zuschauern an der Bar Wein ins Glas.

In lauschiger Wohnzimmeratmosphäre kannst du hier Künstler erleben, die sonst am Staatsschauspiel oder in der Semperoper auf der Bühne stehen – und dich dabei selbst von der Alltagstauglichkeit des Inventars überzeugen. Die Künstler spielen auf Augenhöhe und nutzen gern Requisiten aus dem Geschäft, während das Publikum auf den alten Möbeln Platz nimmt. Da immer wieder eines der Stücke seinen Besitzer wechselt, wandelt sich auch der Theatersaal ständig.

Auf die Idee, das Geschäft vier- bis fünfmal im Monat zur *Kulturkulisse im Blickzurück* zu machen, kam Steve Schneider mit befreundeten Musikern. »Die meinten, es wäre toll, in dieser Atmosphäre ein Konzert zu spielen«, erzählt er. Seitdem wird das Blickzurück abends zur Kammerbühne mit Geheimtipp-Potenzial.

← Steve Schneider wird abends vom Restaurator zum Intendanten …

← … und das Blickzurück zur Bühne

8 Kulturkulisse im Blickzurück • Altplauen 19 H, 01187 Dresden • blickzurück.de

Eldorado für Instagrammer Photowalk im Nationalpark

→ **Interessanter wird's nicht! Die Sächsische Schweiz hält spannende Motive bereit**

→ **Den Nationalpark siehst du mal aus einer ganz anderen Perspektive**

Ohne geladenen Akku geht bei dieser Wanderung nichts. Die Speicherkarte deines Fotoapparates solltest du zuvor besser leeren, denn spektakuläre Aussichten und bizarre Felsformationen erwarten dich.

Jeweils am dritten Wochenende im Monat bietet der Tourismusverband Sächsische Schweiz einen geführten »Photowalk« zu den schönsten Motiven im Nationalpark an. Mitmachen können alle, die Freude am Fotografieren haben, sei es mit der großen Spiegelreflex oder der kleinen Handkamera.

Melde dich per E-Mail an, pack die Foto-Ausrüstung in deinen Rucksack – und los geht's! Vom Pfaffenstein bis zur Bastei entdeckst du Foto-Spots und Motive, die deine Follower auf Instagram (und anderen Kanälen) lieben werden! Erfahrene Guides führen dich und die Gruppe auf Tafelberge und durch idyllische Täler, wobei du manchmal schon früh aufstehen musst, um die beste Lichtstimmung zu erwischen.

Auf Motivsuche kommst du mit Gleichgesinnten ins Gespräch, kannst dich über technische Tricks austauschen oder einfach nur nette Leute kennenlernen. Im Anschluss heißt es: Bilder vergleichen! In einer Facebookgruppe dürfen alle Teilnehmer ihre Ergebnisse hochladen. Die *»Photowalk Sächsische Schweiz«*-Touren sind für Anfänger geeignet und dauern meist etwa drei Stunden. Nimm neben der Kamera etwas Proviant mit und nutze die Gelegenheit für ein Picknick neben deinem Stativ.

INSIDER-TIPP
Den Herbst einfangen

Du hast Lust auf mehr bekommen? Das Fotobarcamp »Herbstlicht« lockt jedes Jahr im November Kamerafreaks aus allen Ecken Deutschlands in die Sächsische Schweiz. Ein intensives Workshop- und Tour-Programm erwartet dich!

9 **Photowalk Sächsische Schweiz • vorherige Anmeldung per E-Mail • blog.saechsische-schweiz.de/tag/photowalk/**

Unter der Zitronenpresse Treffen mit den Künstlern von morgen

↓ **Der Engel oben drauf, die Künstler unten drinnen**

↓ **Die Kunsthochschule beherbergt die Kunstwerke der Nachwuchs-Künstler**

Schützend breitet der goldene Engel seine Flügel über der Zitronenpresse aus. Die markante Glaskuppel der Kunstakademie ist aus der Skyline von Dresden nicht wegzudenken. In ihrem Schatten kannst du den Kunststudenten bei der Arbeit über die Schulter schauen.

Die Türen der Kunstakademie stehen für Interessierte fast immer offen. Im Oktogon, unter der Zitronenpresse, präsentieren die Studenten und Dozenten regelmäßig ihre Werke. Zur Diplom- und Jahresausstellung kannst du sogar von Atelier zu Atelier wandern. Die Atmosphäre ist entspannt, schließlich befindest du dich

in einer Hochschule – nicht im Museum. Hier gibt es keine makellosen Exponate in geputzten Vitrinen. Im Gegenteil! Wo die Künstler von morgen ihr Handwerk erlernen, geht es lässig zu: Das Parkett ist mit Farbtupfern übersät, es riecht nach Lack, in mancher Ecke wirst du vielleicht noch über unfertige Malereien stolpern.

Mit etwas Glück kannst du beobachten, wie eine Skulptur oder eine Installation entsteht. Die Ausstellungen werden von den jungen Künstlern selbst betreut. Scheu dich nicht, sie zu ihren Werken zu befragen. Wer weiß, vielleicht kommst du mit einem künftigen Picasso oder Banksy ins Gespräch?

Wenn dir etwas nicht gefällt, gehst du einfach weiter – oder suchst den Blick aus dem Fenster, der ungewohnte Perspektiven auf den goldenen Engel und die Frauenkirche freigibt. Versäume es nicht, im Innenhof der *Hochschule für Bildende Künste* vorbeizuschauen. Dort kannst du im Schatten der Bäume Kaffee aus der Mensa schlürfen, als gehörtest du dazu.

10 **Hochschule für Bildende Künste • Brühlsche Terrasse 1, 01067 Dresden • hfbk-dresden.de**

Genuss auf Kubanisch

Dreh dein Ding in der Zigarrenmanufaktur

Die Frische macht's. Das gilt nicht nur in der Küche, auch Zigarren haben frisch gedreht das beste Aroma. Du kannst dich in der *Zigarren Manufaktur Dresden* selbst davon überzeugen!

← Abschauen erlaubt! Lazaro Javier bringt dir gern das Zigarrendrehen bei

Der waschechte Kubaner Lazaro Javier hat das Handwerk des Zigarrendrehens in der weltbekannten Zigarrenfabrik H. Uppmann in Havanna gelernt und mit nach Dresden gebracht. In seiner Schauwerkstatt in der Maxstraße kannst du ihm bei der Arbeit auf die Finger gucken – oder dich in einem Workshop selbst einmal im Zigarrendrehen probieren. Schritt für Schritt bringt Lazaro dir das Handwerk mit traditionellen kubanischen Werkzeugen bei: Zunächst presst er die getrockneten Deckblätter zwischen Holzplatten, dann rollt er den Tabak mit versierten Griffen darin ein. Versetzt mit Kaffee, Rum oder Honig entfalten die Zigarren später ein verführerisches Aroma.

Für seine handgefertigten Zigarren verwendet Lazaro Javier nur ausgewählte Rohstoffe, die er unter fairen Bedingungen nach Deutschland importiert. Bei regelmäßigen Tastings in der Manufaktur kannst du die feinen Unterschiede kennenlernen und sowohl die edlen Longfiller Zigarren als auch kubanischen Rum verkosten, wobei du Wissenswertes über die Zigarre und Kuba erfahren wirst. Du musst übrigens weder rauchen noch trinken, um hier für ein paar Stunden in die Karibik abzutauchen. Das traditionelle kubanische Handwerk ist so faszinierend, dass selbst Nichtraucher an den Workshops teilnehmen und dem Chef des Hauses gern in der Werkstatt bei der Arbeit zusehen.

11 **Zigarren Manufaktur Dresden • Maxstr. 11, 01067 Dresden • zigarren-dresden.de**

Klein Hollywood im Kraftwerk Eigene Trickfilme animieren

→ **Ein paar einfache Tipps und Tricks vom Profi – und schon entsteht dein Animationsfilm**

Die Augen des Froschs schauen noch nicht in die richtige Richtung. Wenn er blinzelt, fokussiert er den Betrachter, nicht die Fliege am Blattrand. Nur wenige Pinselstriche später stimmt die Perspektive: Der Frosch schielt auf die Fliege, blinzelt aufgeregt und streckt seine Zunge heraus. Zeichnen ist die hohe Kunst der *Fantasia Dresden*-Trickfilmschule im Kraftwerk Mitte.

Du musst jedoch weder malen noch filmen können, um hier deinen eigenen Film zu animieren. In regelmäßigen Workshops sowie nach telefonischer Anfrage tauchst du mit praktischen Übungen in die Dresdner Trickfilmtradition ein. An deiner Seite stehen erfahrene Trickfilmanimateure aus den ehemaligen DEFA-Studios, die das Handwerk von der Pike auf gelernt haben und genau wissen, wie du deiner Geschichte Leben verleihst.

Fantasievolle Schnipsel-Animationen lassen sich schon in wenigen Stunden an der Unterlichtstation kreieren. Wenn es lieber ein Zeichen-, Silhouetten-, Puppen- oder Flachfigurentrick mit Knete werden soll, musst du etwas mehr Zeit mitbringen. Am Ende trägst du dein Filmchen auf dem Datenstick nach Hause und kannst es beim heimischen Kinoabend der Familie präsentieren.

Willst du sehen, wo bis 1992 die größte deutsche Animationsfilmschmiede arbeitete, musst du nach Gorbitz fahren. Auf dem Gelände der *ehemaligen DEFA-Studios* ist jetzt u. a. das *Kedo American Bar & Restaurant* zuhause, in dem du zumindest kulinarisch nach Hollywood abschweifen kannst.

12 **Fantasia Dresden • Kraftwerk Mitte 3, 01067 Dresden • fantasia-dresden.de**

13 **Ehemalige DEFA-Studios und Kedo American Bar & Restaurant • Kesselsdorfer Str. 208, 01169 Dresden • Facebook: Kedo208**

Galerie im Großraumbüro Kunst trifft auf Handwerk

So hast du dir die Arbeit in einer Möbelfabrik sicher nicht vorgestellt: Andächtige Ruhe herrscht an den Schreibtischen im gläsernen Anbau auf dem Gelände der *Deutschen Werkstätten* in Hellerau. Zu den Bürozeiten sind Besucher in dem modernen Gebäude jederzeit herzlich willkommen. Du kannst einfach hereinmarschieren und dich von der kreativen Atmosphäre im Großraumbüro überzeugen. Es beherbergt zwischen den Schreibtischen eine Galerie, in der regelmäßig wechselnde Ausstellungen internationaler zeitgenössischer Kunst zu sehen sind. Der Eintritt ist frei!

Schau dir die Ausstellung an und lass dich vom Geist Karl Schmidts inspirieren, der hier 1909 mit seiner Möbelfabrik auch den Grundstein für die Gartenstadt Hellerau und ein damals innovatives Lebenskonzept legte. Vis-à-vis von Galerie und Großraumbüro der heutigen Firma, die u. a. Luxusyachten ausstattet, gelangst du in den Hof des historischen Fabrikgebäudes, wo damals die ersten maschinell gefertigten und zerlegbaren Serienmöbel hergestellt wurden. Daneben produzierte Hellerau auch »Dresdner Spielzeug« nach Entwürfen von Künstlern.

Die Fertigung befindet sich seit 2006 im Neubau, direkt hinter der Bürogalerie. Von Zeit zu Zeit werden Führungen angeboten, bei denen du nach vorheriger Anmeldung hinter die Kulissen der Produktion schauen kannst. Versäume es nicht, bei einem Besuch auch in *Schmidt's Restaurant* auf dem Gelände des alten Fabrikgebäudes vorbeizuschauen. Auf der Karte findest du vorzügliche Gerichte auf kulinarisch feinstem Niveau.

← Im gläsernen Neubau versteckt sich die Galerie

← Durch das Tor der Deutschen Werkstätten geht's zu Schmidt's

14 Deutsche Werkstätten • Moritzburger Weg 68, 01109 Dresden • dwh.de

15 Schmidt's Restaurant • Moritzburger Weg 67, 01109 Dresden • schmidts-dresden.de

Fantastische Seifenwelt Wo Drachenherzen duften lernen

→ Die duftenden Seifen sind ein super Geschenk – oder man behält sie einfach für sich selbst!

Das kleine Geschäft am Rand des Hechtviertels ist leicht zu übersehen. Hinter der Ladentür jedoch verbirgt sich ein Meer aus Düften, das die Sinne betört. Eher durch Zufall hat Gabriele Kappes 2005 begonnen, sich mit der Produktion von Seife zu beschäftigen. Seitdem hat sie in Dresden weit mehr als 20 Rezepte für duftende Handseifen und feste Shampoos kreiert.

In den Ausstellungsregalen von *einfach seife* findest du Seifen mit so sprechenden Namen wie »Sternenstaub«, »Drachenherz« und »Ein Hauch von Venus«. Darin verbergen sich teils exotische, teils klassische Rezepturen aus Ziegenmilch, Sheabutter, Lavendel, Zitrone oder Kakao. Woher die Seifensiederin ihre Essenz für den Duft von Drachenblut bezieht, verrät sie nicht. Schnell hält sie eine rot getupfte Seife namens »Früchte im Schnee« hoch, die sie gerade für das Adventsgeschäft vorbereitet hat. Eine raffinierte Geschenkidee fürs ganze Jahr sind die Filzseifen mit Henkel, welche in jeder Dusche eine gute Figur machen.

INSIDER-TIPP
Duftende Unikate

Dazu weiß Gabriele Kappes allerhand Wissenswertes zur Zusammensetzung und Wirksamkeit von Seife zu erzählen. Im hinteren Bereich des Geschäfts befindet sich ihre »Seifenküche«, die Produktion. Wenn du dich intensiver mit der Herstellung von Seife beschäftigen willst, kannst du bei regelmäßigen Kursen im Laden selbst Hand anlegen und den Prozess erlernen. Etwa zwei Stunden dauert so ein Seminar. Duft, Farbe, Form und den Namen deiner Seifenkreation bestimmst du ganz allein.

16 **einfach seife • Johann-Meyer-Str. 13, 01097 Dresden • einfachseife.com**

YENIDZE
NIDZE
YENI

Per Aufzug nach Indien Theater unter der Yenidze-Kuppel

Ihre Kuppel ist von allen die markanteste. Die im Stil einer Moschee erbaute ehemalige Zigarettenfabrik Yenidze bringt orientalischen Charme in Dresdens Innenstadt. In den unteren Etagen beherbergt sie heute Büros, oben in der Kuppel erwarten dich verträumte Welten. Lass dich unter dem bunten Glasdach verzaubern und in 1001 Nacht entführen! Du wirst sehen: Der Orient ist nur eine Fahrt mit dem Aufzug entfernt.

← Theater, Restaurant, Yoga-Workshops und Partys – die Yenidze erfüllt dir (fast) jeden Wunsch

Das *Yenidze-Theater* weckt mit Künstlern und Kunstformen aus Indien und dem Orient Fernweh beim Publikum. Exotische Klänge kombiniert mit aufwendigen Lichtprojektionen eröffnen bei Lesungen, Konzerten und Theatervorstellungen neue Perspektiven. Das gesamte Programm lässt sich schwer in eine Schublade schieben, vereint es doch weit mehr als nur Theater, Kunst und Musik. Willst du herausfinden, wieviel Aladin in dir steckt, dann melde dich für einen der Workshops in Yoga oder orientalischem Tanz in der Yenidze an.

INSIDER-TIPP
Indischer Partyabend

Wenn du das Außergewöhnliche liebst, bist du hier auf jeden Fall richtig. Das Format »Celebrate Life Nacht« feiert sprichwörtlich die poetischen Texte der indischen Philosophie. Typische Klänge und Farben Indiens treffen dabei auf elektronische Beats und westliche Party-Grooves. Klassischer indischer Tanz vermischt sich mit zeitgenössischen Bewegungselementen. Egal, für welches Programm du dich entscheidest, eine Reise in die Yenidze-Kuppel hält wie jede Tour ins Fremde die eine oder andere Überraschung bereit.

17 **Yenidze-Theater • Weißeritzstr. 3, 01067 Dresden • yenidze-theater.de**

Hogwarts im Hochland Das zauberhafte Schloss Schönfeld

→ **Wunderbare Heimat der Zauberkünstler: Schloss Schönfeld**

Eine steinerne Brücke führt übern Teich zum Hautportal des Wasserschlosses in Schönfeld. An der Tür verkündet ein goldenes Schild, dass du dich hier in das Refugium des »Magischen Zirkels« begibst. Du wirst staunen, denn tatsächlich bergen die dicken Mauern des Renaissanceschlosses allerhand Magisches.

Schönfeld ist nicht nur die letzte Ruhestätte der unehelichen Tochter Augusts des Starken, die – so sagt die Legende – mit 20 Jahren auf mysteriöse Art verstarb. Du befindest dich zudem in *Deutschlands Zauberschloss!* Und auch wenn Harry Potter hier noch nie gesichtet wurde, den »Magischen Zirkel« gibt es wirklich. Er ist eine internationale Vereinigung der Zauberkünstler, die in Schönfeld jedes Wochenende das Publikum mit ihren Tricks erfreuen und auf dem Schloss regelmäßig Fachveranstaltungen abhalten.

INSIDER-TIPP **Die besten Magier der Welt**

Lass dich ein wenig verzaubern, während du bei einem Besuch der Ausstellung die Geschichte des Schlosses und der Zauberkunst erkundest. Wusstest du, dass Zauberkünstler einer der ältesten Berufsgruppen der Welt angehören? Nicht? Dann solltest du unbedingt vorbeischauen! Gezaubert wurde bereits in der Antike: Schon der römische Philosoph Seneca erfreute sich an der Vorführung des Becherspiels. Versäume es nicht, am Abend eine der Vorstellungen auf dem Schloss zu besuchen! Es heißt, der »Magische Zirkel« holt nur die Besten der deutschen und europäischen Zauberkünstler nach Schönfeld.

18 Deutschlands Zauberschloss • Am Schloss 2, 01328 Dresden • daszauberschloss.de

IndividualistIn
Individualist
NetzwerkerIn
Networker
Press

1839

Zeitreise mit Super Mario Dem Fortschritt auf der Spur

Mathematik und Kreativität sind gute Freunde. Wie sonst könnten aus den eifrigen Berechnungen der Erfinder weltbewegende Innovationen werden? Im Erlebnisland Mathematik in den *Technischen Sammlungen* kannst du an einer alten chinesischen Rechenmaschine dein Faible für Zahlen entdecken. Beim Würfelspiel wirst du zum Komponisten und geometrische Puzzleteile eröffnen dir die Welt der Architekten. Eine Brücke ohne Leim, Seile und Nägel bauen wie Leonardo da Vinci? Kein Problem, probier es aus! Du findest sicher schnell den richtigen Dreh.

INSIDER-TIPP
Knack den Da Vinci Code!

Tauch ein in den Erfindergeist unserer Vorfahren! Von den ersten Tonträgern bis hin zur modernen Chipindustrie kommst du dem Fortschritt auf die Spur. An dem Ort, wo in Dresden ein Jahrhundert lang hochwertige Kameras gefertigt wurden, erlebst du heute im Museumskino, wie die Bilder einst laufen lernten. In der Ausstellung zur Büro- und Rechentechnik siehst du Computersysteme größer als Kleiderschränke. Kannst du dich noch an die Videospiele aus den 1980ern erinnern? Los, ran an die Tasten und zocke dich durch Super Marios verpixelte Welten!

Innovationen der Fortbewegung präsentiert das *Verkehrsmuseum*. Ingenieur Johann Andreas Schubert nimmt dich mit zu seiner »Saxonia«, 1839 war sie die erste deutsche Lokomotive. Vom Hofsalonwagen der Prinzessin Mathilde bis zu Erich Honeckers gut gefederter Limousine – alles ist dabei. Die Ausstellung zeigt zudem, dass Elektroautos nicht erst eine Erfindung des 21. Jhs. sind.

← Nix mit langweilig: In den Technischen Sammlungen ist Mitmachen angesagt!

← Im Verkehrsmuseum parkt die »Saxonia« von Johann Andreas Schubert

19 **Technische Sammlungen • Junghansstr. 1–3, 01277 Dresden • tsd.de**

20 **Verkehrsmuseum • Augustusstr. 1, 01067 Dresden • verkehrsmuseum-dresden.de**

Der Soundtrack der Titanic Entdeckungen im Lügenmuseum

→ **Das hast du noch nie gehört: Auf dem Sonnendeck der Titanic lauschst du dem O-Ton des Schiffs nach dessen Untergang …**

Die Gebrauchsanleitung steht an der Hausfront. Schon darin dürfte sich das *Lügenmuseum* wohl von jeder anderen Ausstellung dieser Welt unterscheiden. Im ehemaligen Gasthof Serkowitz hat der Radebeuler Künstler Reinhard Zabka ein wahres Wunderreich erschaffen.

Egal, ob mit oder ohne Gebrauchsanweisung, Zeit solltest du bei einem Besuch unbedingt mitbringen. Wo früher Schnitzel in der Pfanne brieten, Bier serviert und große Bälle gefeiert wurden, wanderst du durch eine Sammlung skurriler Kunstwerke, vom »Atelier des Dissidenten« über das »Kabinett der Träume« bis zur »Kathedrale des Sozialismus«. Kaum trittst du ein, geht irgendwo das Licht an und geheimnisvolles Surren oder rhythmisches Klopfen erfüllt den Raum.

Was du hier siehst, ist schwer auf den Punkt zu bringen. Unbestritten ist diese Sammlung jedoch von unglaublicher Liebe zum Detail, ja zur Fantasie geprägt. Und damit ist man schon beim Kern des Ganzen: Zwar haben Lügen kurze Beine, andererseits sind sie die Holzwolle aller fantastischen Wesen. Es soll ja Leute geben, die Dinge sammeln, welche es gar nicht gibt. Hast du etwa eine Ahnung, wie der Soundtrack der Titanic nach dem Untergang klingt? Nein? Nun, vielleicht wirst du nach deinem Besuch im Lügenmuseum schlauer sein. Vielleicht! Das Beste ist jedoch, du denkst nicht allzu viel darüber nach, was du hier siehst, sondern lässt dich einfach zu dem Platz treiben, an dem du tiefer eintauchen willst.

Kehrst du nach dem ersten Besuch immer wieder zurück oder dem Museum für immer den Rücken? Du wirst es nur herausfinden, wenn du vorbeischaust!

21 **Lügenmuseum • Kötzschenbrodaer Str. 39, 01445 Radebeul • luegenmuseum.de**

al auf dem Sonnendeck der Titanic

Und: Action! Auf dem Wasser, zu Lande oder in der Luft. Ob kleine Mutprobe, sportliche Spitzenleistung oder einfach mal aufs Spaßpedal treten: Tob dich aus, sei wild, und zeig, was in dir steckt!

Die wilde Seite

Gas geben und Spaß haben von sportlich bis mutig

Mount Everest in 24 Stunden Marathon am Weinberg

→ Treppab, treppauf … auch die Feuerwehr nutzt den Treppenmarathon für ein Training

Höhenluft schnuppern inmitten der Weinberge. Auf der Spitzhaustreppe in Radebeul kannst du dich zu sportlichen Höchstleistungen aufschwingen. Extrem, extremer, am extremsten geht es auf den 397 Sandsteinstufen zwischen Hoflößnitz und Spitzhaus seit 2005 jedes Jahr beim *Mount Everest Treppenmarathon* zu.

Moment mal, Mount Everest? War nicht gerade noch von Radebeul die Rede? Richtig! Mit Laufschuhen und sehr guter Kondition kommst du dem Himalaja hier jedoch gefährlich nahe. Es braucht normalerweise nur eine Runde vom Berggipfel treppabwärts, über eine kleine Joggingschleife, dann die steilen, schmalen Stufen wieder hinauf – und das Herz pumpt gewaltig, die Muskeln schmerzen, die Luft wird knapp. Einzelläufer müssen diese Strecke bei dem Marathon hundert Mal in 24 Stunden bewältigen, damit sie nicht nur gefühlt, sondern auch rein rechnerisch einen kompletten Aufstieg zum Mount Everest und zurück bescheinigt bekommen.

Keine Frage, diesen Doppelmarathon von 84,390 km über insgesamt 79 400 Stufen schaffen nur die Härtesten. Das allein aber ist kein Grund, es nicht wenigstens auszuprobieren. Hole die Laufschuhe raus und steigere das Pensum langsam! Schritt für Schritt, vielleicht zusammen mit Freunden. Beim Treppenmarathon kannst du auch als Teil einer Hundertschaft oder in der Kategorie »Elf Freunde« starten. Und falls selbst das zu viel ist, lohnt sich der Aufstieg für die romantische Aussicht und ein Essen im Spitzhaus Radebeul immer!

1 **Mount Everest Treppenmarathon • Start: Spitzhaus, Spitzhausstr. 36, 01445 Radebeul • treppenmarathon.de, spitzhaus-radebeul.de**

cablepark Dresden

Rasant übern Kiessee
Wasserski mit Blick auf den Fernsehturm

Steil neigt sich das Brett in die Kurve, das Wasser spritzt, bevor es geradeaus gleich auf die Schanze zugeht. Ein bisschen Herzklopfen ist schon dabei, wenn die Profis mit ihren Wasserskiern und Wakeboards über die Kiesgrube Leuben düsen. Doch keine Angst, du musst nicht gleich den Turbo einschalten! Für Anfänger geht es langsam los. Erst einmal vorsichtig den Zeh ins Wasser halten, das Gefühl fürs Brett finden, nach ein paar Runden wirst du schon gar nicht mehr ans Ufer zurückwollen.

Die *Wasserskianlage Leuben* verströmt Urlaubslaune inmitten der Stadt. Gerade bist du auf der Pirnaer Landstraße aus der Bahn gestiegen, lässt du auch schon die Hochhäuser hinter dir, um wenige Schritte weiter im Sommeridyll am Strand zu landen. Allein der Blick aufs blaue Wasser weckt sofort Feriengefühle. Auf der gegenüberliegenden Seite des Sees faulenzen Badegäste, vom anderen Elbufer grüßt der Dresdner Fernsehturm, während du auf dem Wasser allmählich Fahrt aufnimmst.

Die 5-Mast-Anlage hat eine Seillänge von 720 m und bietet unzählige Möglichkeiten, sich auf dem See auszutoben. Per Onlineanmeldung sicherst du dir vorab deinen Slot oder einen Platz in einem der Kurse. Du traust dich nicht und magst lieber nur zusehen? Auch kein Problem! In der Sommerlounge gibt es kühle Drinks und eine Snackbar mit Blick auf den See. Falls du doch Lust auf eine kleine Abkühlung bekommst, kannst du einen kurzen Spaziergang zu den Badestellen mit Sandstrand machen.

← Relaxt schaut man den anderen auf dem Wasser zu, …

← … dann geht's selbst aufs Brett

INSIDER-TIPP
Entspannt zugucken

2 Wasserskianlage Leuben • Pirnaer Landstr. 107, 01257 Dresden • cable-dresden.de

Golfen im Kunstwerk
Spielend durch fantastische Welten

↓ **Von Weltraum bis Unterwasserwelt: In verschiedenen Räumen schwingst du den Schläger**

Brille auf und rein ins Vergnügen: Beim Schwarzlicht-Minigolf spielt das Auge mit, wenn du dir mit deinen Freunden einen ausgelassenen Wettkampf lieferst. Das Wetter kann dir hier egal sein, denn statt auf dem grünen Rasen geht es indoor durch fantastische 3-D-Schwarzlicht-Welten. Der Dresdner Graffitikünstler Marcel COSTWO Ebersbach hat die Wände um die Golfbahnen bei Blackluxx® kunstvoll gestaltet. Mit Schläger und Ball wanderst du durch verschiedene Themenräume von Parcours zu Parcours.

Du schlägst beobachtet von Kraken, Affen und Astronauten ab, tauchst hinter jeder Schiebetür in eine andere fantasievolle Umgebung aus Kunst und Musik ein: Weltraum, Meeresgrund, Wüste und Dschungel umhüllen dich, während du mit deinen Freunden eine rasante Partie Minigolf austrägst. Bälle, Schläger und Hindernisse leuchten hell im Schwarzlicht, weiße T-Shirts oder Turnschuhe erhöhen den Spaßfaktor noch zusätzlich. Lass dich von den faszinierenden Kunstwerken an den Wänden nicht allzu sehr ablenken: Die Bahnen fordern dein Geschick heraus, manchmal musst du schon genau hinschauen, um rauszubekommen, wie du den Ball am schnellsten einlochen kannst!

Am Ende siegt beim *Blackluxx® 3-D-Schwarzlicht-Minigolf* in jedem Fall der Spaß. Durch die Aufteilung in verschiedene Räume hat man die Bahnen jeweils ganz für sich, bevor es weiter zur nächsten Station geht. Reserviere deine Spielzeit vorab online, und dem Schwarzlicht-Minigolfturnier steht nichts mehr im Weg!

3 **Blackluxx® 3-D-Schwarzlicht-Minigolf • Emilienstr. 20, 01139 Dresden • blackluxx.de**

Bogenschießen
ab 6 Jahren

Hoch in den Wipfeln
Kraxeln bei Sonne und Regen

Ein falscher Schritt, und schon hängst du in den Seilen! Doch keine Angst, im *Kletterwald Dresdner Heide* bist du gut gesichert. Auf geht's zurück auf die Plattform, beim zweiten Mal balancierst du deutlich gelassener über das Seil. Insgesamt neun Parcours zählt Dresdens erster Kletterpark. So kannst du den Schwierigkeitsgrad langsam steigern, mit jeder Runde geht es etwas weiter hinauf in die Bäume und irgendwann kommt es dir gar nicht mehr in den Sinn, den Blick ängstlich nach unten zu richten.

Der *Waldseilpark Dresden Bühlau* wartet neben seinen zwölf Kletterparcours noch mit einer weiteren Attraktion auf: Auf der Tubingbahn geht es schwungvoll bergab! Nach einer kurzen Einweisung rodelst du mit dem großen Gummireifen volle Kanne ins Tal. Auf den drei Bahnen lässt sich die Geschwindigkeit von Runde zu Runde steigern. Ein Lift zieht die Tubes den Hang hinauf – und schon kann's weitergehen!

Die regensichere Variante für Kletterfreunde gibt's in Königstein. Im *Indoor-Hochseilgarten* kannst du einen Parcours mit 18 Elementen erklettern, die es genauso in sich haben wie ihre Kollegen unter freiem Himmel. Wenn du alle Hindernisse bewältigt hast, nimmst du dir einen der beiden 8 m hohen Klettertürme vor oder kraxelst die Kletterwand mit elf Schwierigkeitsgraden hoch. Nur die Aussicht ist im Freien schöner!

← Nicht runtergucken! Eine Portion Mut braucht man im Waldseilpark Dresden Bühlau

INSIDER-TIPP
Rodeln zwischen den Seilen

4 **Kletterwald Dresdner Heide • Nesselgrund 80, 01109 Dresden • kletterwald-dresdner-heide.de**

5 **Waldseilpark Dresden Bühlau • Grundstr. 169, 01324 Dresden • waldseilpark-dresden.de**

6 **Indoor-Hochseilgarten • Schandauer Str. 17, 01824 Königstein • kanu-aktiv-tours.de/indoor-hochseilgarten/**

Talfahrt mit Elbblick

Wintersport mitten in der City

Jucheee, ein Freudenschrei durchweht das Elbtal. Rasant saust der Schlitten den Hang hinunter und von Weitem siehst du die Silhouette der Altstadt in der klaren Winterluft. Nein, du musst nicht weit fahren, um Wintersport zu treiben. Wenn es richtig geschneit hat, kannst du in Dresdens City mehr als bloß eine Schneeballschlacht machen.

Schnapp dir den Schlitten und auf zum *Waldschlösschen-Areal!* Das Welterbe ist futsch, doch durch den Umbau ist auf dem ca. 200 m langen Hang am rechten Elbufer jetzt Rodelspaß garantiert! Hier rutschst du mit Blick auf Elbe und Altstadt den Berg runter.

Falls dir das auf die Dauer zu langweilig wird, findest du auf dem künstlichen Hügel im *Ostragehege* mehrere Rodelstrecken mit unterschiedlichen Geschwindigkeiten. Du hast zum Abschluss Lust auf eine Runde Langlauf? Kein Problem. Steure vom Sportpark Ostra aus auf Skiern den Elbebogen Richtung Mickten an und schlittere immer am Fluss entlang zurück zum Parkplatz.

Eine *Sightseeingtour auf Skiern* kannst du entlang des Elbufers unternehmen. Hier spurt zwar niemand die Loipen, dafür erwartet dich eine der schönsten Langlaufstrecken Deutschlands: Von der Marienbrücke durch die Innenstadt bis nach Laubegast und weiter reicht der Weg. Gönn dir zwischendurch eine Pause mit Jagertee im Fähr- oder im Schillergarten – und schon geht es weiter, vorbei an den drei Elbschlössern und schneebedeckten Rebhängen.

← Am Waldschlösschen-Areal wirst du zum Rodel-König

← Entlang der Elbe lässt es sich wunderbar durch den weißen Schnee spazieren

INSIDER-TIPP
Extrarunde auf Skiern

7 **Waldschlösschen-Areal • bei der Waldschlösschenbrücke (Neustadtseite), 01099 Dresden**

8 **Ostragehege • Messering 2a, 01067 Dresden**

9 **Sightseeingtour auf Skiern • am Elbufer entlang von der Altstadt bis nach Laubegast**

Wellenbrecher am Stausee Setz das Segel beim Windsurfen

→ **Neoprenanzug an, Balance finden und schon bist du bereit fürs Windsurfen**

Die Sonne scheint, nur ein paar Schäfchenwolken schicken leichte Böen über den Stausee in Cossebaude. Ideale Bedingungen für eine Surfstunde am Rand der Stadt. Aufmerksam lauschst du zunächst den Erklärungen des Surftrainers, bevor es aufs Wasser geht.

Ganz langsam versuchst du deine Balance zu finden. Die Radebeuler Weinberge im Blick ist der Stadtalltag wenige Minuten später Geschichte. Urlaubsfeeling macht sich breit. Kurz nicht aufgepasst – und schwups landest du im Wasser. Dank Neoprenkluft spürst du die Kälte kaum, rappelst dich auf und versuchst es gleich noch einmal.

Egal ob Schnupperstunde, Anfänger- oder Fortgeschrittenenkurs, bei *Windsurfen Dresden* kannst du dein Talent als Wellenreiter ausprobieren. Die Ausrüstung fürs Windsurfen sowie fürs Stand-up-Paddling gibt es vor Ort zum Ausleihen. Du meldest dich einfach für ein Training deiner Wahl an und los geht's!

Entstanden als Unisportangebot steht die Surfschule am Stausebad heute allen interessierten Badegästen offen. Lass dir auf dem Wasser den Wind um die Nase wehen! Auf dem Surfbrett oder beim Stand-up-Paddling kannst du den Sommer hier aktiv genießen. Du suchst Bewegung mit einem Sinn fürs Besondere? Mit ein bisschen Übung machst du bei der Stand-up-Paddling-Elbe-Tour auch den Fluss unsicher. Die geführte Tour läuft über eine 10 km lange Strecke vom Pieschener Hafen aus durch die Innenstadt. Sightseeing mal anders! Der Transfer mit dem Shuttlebus zum Stausee ist enthalten, die Badehose musst du selbst mitbringen.

INSIDER-TIPP
Sightseeingtour auf dem SUP

10 Windsurfen Dresden • Meißner Str. 26, 01156 Dresden • windsurfen-dresden.de

Hüpfend zum Kater
Im Trampolinpark richtig austoben

Der Traum vom Fliegen kann recht bodenständig sein. Im Trampolinpark schwingst du dich hüpfend auf in luftige Höhen, um gleich darauf für den nächsten Salto Schwung zu holen. Wie bitte, ein Salto?

Richtig. Wenn du erst mal da bist, wirst du sehen, dass ein Trampolin mehr als nur schwungvolle Sprungfreude verheißt. Im *Superfly Air Sports Dresden* kannst du dich richtig auspowern und dabei spielend Kalorien verbraten. Herausforderungen wie in einer verrückten Fernsehspielshow warten auf dich. Los geht es klassisch auf dem Main Court. Auf einzelnen Trampolinen hüpfst du dich warm, kannst erste kleine Figuren ausprobieren und zunächst ein Gefühl für den lebhaften Sport entwickeln. Du wirst schnell merken: Die Sprünge gehen in Po und Beine! Gib dir ruhig ein wenig Zeit zum Durchschnaufen, bevor du die nächste Station austestest.

Du wolltest dich immer schon mal im freien Fall auf ein weiches Kissen werfen oder einen Sprung in Schaumgummi wagen? Dann wirst du das Superfly lieben! Ein bisschen Mut und Körpergefühl gehören dazu, wenn du die Freefall-Rutsche hinabsaust, an der Warped Wall den Tower erklimmst oder ans Trapez springst. Auch die Hindernisse des Ninja Parcours verlangen dir Geschick und Kraft ab.

Falls dir das für den Anfang zu schnell geht, schau erst mal zu, wie es die Profis machen, oder lass dir von den netten Mitarbeitern Tipps geben. Spaß und eine gehörige Portion Muskelkater sind dir beim Fliegen auf jeden Fall sicher – und das gilt für alle Level und Altersgruppen.

← Fallen macht Spaß – wenn es im Superfly in die Schaumstoffgrube geht

INSIDER-TIPP
Showreifer Hindernisparcours

11 **Superfly Air Sports Dresden • Siemensstr. 9, 01257 Dresden • superfly.de/dresden**

Reisen wie Karl May

Mit Volldampf zum Wild-West-Ausflug

→ **Zischend und rauchend versetzt dich der Lokomotiven-Koloss in die Vergangenheit**

Schwarzer Dampf zischt aus der Esse, die Lok hupt. Schnaufend schiebt sich der Zug der *Lößnitzgrundbahn* über den Karl-May-Weg. Steig ein und fühle dich wie in einem Roman des Radebeuler Abenteuerschriftstellers!

Der hat zwar bekanntermaßen die Schauplätze seiner Bücher nie gesehen, konnte sie aber mit seiner blühenden Fantasie heraufbeschwören. Und das kannst du auch! Während auf der Fahrt von Radebeul über Moritzburg nach Radeburg Teiche, Pferdekoppeln und Felder am Fenster vorbeiziehen, darfst du in Wild-West-Fantasien schwelgen. Doch nimm dich in Acht! An manchen Tagen erlebst du, wie freche Banditen einen Überfall auf einen der Waggons wagen. Es knallt und rumpelt auf der Schiene, von fern hörst du Geschrei: »Hände hoch!«. Der Roman wird Wirklichkeit – und am Ende bist du froh, dass alles nur ein Spiel war.

INSIDER-TIPP
Wild-West-Fahrt mit Überfall

Längst finden die Banditen-Fahrten des Traditionsbahnvereins Radebeul nicht mehr bloß zum Karl-May-Fest im Mai statt, sondern gehören auch übers Jahr verteilt regelmäßig zum Programm. Zum Wild-West-Ausflug wird die Fahrt auch kombiniert mit einem Besuch im *Karl May Museum Radebeul* in der »Villa Shatterhand«, dem letzten Wohnort des Schriftstellers. Sie liegt nur einen kurzen Spaziergang vom Bahnhof in Radebeul-Ost entfernt. Tauche ein in die Indianerwelt in der »Villa Bärenfett« gleich nebenan und besuche das Grab des Autors. Hinterher wirst du die Landschaft des Lößnitzgrundes und das Zischen der Lok ganz sicher aus anderer Perspektive wahrnehmen.

12 **Lößnitzgrundbahn • Am Bahnhof 1, 01468 Moritzburg • loessnitzgrundbahn.de, traditionsbahn-radebeul.de**

13 **Karl May Museum Radebeul • Karl-May-Str. 5, 01445 Radebeul • karl-may-museum.de**

99 1747-7

Kältekick im kühlen Nass Mach dich fit fürs Eisbaden in der Elbe

Kalt pustet der Wind übers Feld, auf der Wiese glitzert Raureif. Vor dir liegt still der See – und gleich geht's hinein, ins eiskalte Wasser! Baden trotz Frost und Schnee? Die spinnen doch, wirst du jetzt wahrscheinlich denken.

Ja, Warmduscher können an dieser Stelle ruhig weiterblättern. Allen anderen sei gesagt: Eisbaden ist nicht nur eine verrückte Mutprobe, sondern Medizin zugleich und macht in der Gruppe riesigen Spaß! Jedes Jahr im Februar lädt die DLRG Bezirk Dresden zum *Faschingsschwimmen in der Elbe* ein. Die Teilnehmer steigen kostümiert in den Fluss, um sich einen eiskalten Wettkampf zu liefern. Ein bisschen Übung brauchst du bei all dem Spaß schon:

↓ Abkühlung extrem: Verkleidetes Winterschwimmen in der Elbe

Die Kurzstrecke über 400 m verläuft von der Carola- zur Augustusbrücke, die Langstrecke startet bereits an der Albertbrücke.

Um nicht gleich beim ersten Versuch baden zu gehen, solltest du deinen Körper zu Hause mit Wechselduschen auf das Training vorbereiten: erst warm, dann kalt und nochmal von vorn. Jeden Tag. Spürst du, wie es auf der Haut kribbelt? Wie anschließend alle Sinne erwachen? Dann bist du jetzt fit für den See! Im Raum Dresden gibt es mehrere Gruppen, mit denen du bei Minusgraden in die Fluten steigen kannst. Die wöchentlichen Trainings der *Eisfüchse Dresden* in der Kiesgrube Pratzschwitz oder der *Pirnaer Eisbrecher* im Natursee Copitz stehen allen offen, die genug Mut und Lust haben, es einfach auszuprobieren. Anschließend geht's zum Aufwärmen in die Sauna – und du fühlst dich wie neu geboren!

14 **Faschingsschwimmen in der Elbe • dresden.dlrg-jugend.de**

15 **Eisfüchse Dresden & Pirnaer Eisbrecher • vfl-pirna-copitz.de**

Funbox mit Farbe
Skaten im Herzen der City

→ **Ob mit Skateboard oder Roller, ob Anfänger oder Könner – der Skatepark ist für alle was und es ist immer was los!**

INSIDER-TIPP
Street-Art an der Skate-Bande

Vom Rathaus aus richten sich alle Blicke zur historischen Innenstadt. Dabei kannst du Dresden nur wenige Hundert Meter weiter von seiner flippigen Seite kennenlernen. Im *Skatepark Lingnerallee* trifft sich die Jugend, um wilde Sprünge und rasante Tricks zu üben.

Schnapp dir das Brett, den Roller oder das Bike und misch dich unters Volk, mach gemeinsam mit den Freaks den Parcours unsicher! Oder sieh den Skatern bei einem Spaziergang, etwa vom Hygiene-Museum zurück in die City, bei ihrem Training zu.

Tatsächlich gehört der Skatepark an der Lingnerallee im Herzen der Stadt zu den herausragenden seiner Spezies in Deutschland. Zusammen mit Skatern entwickelt, wird die Anlage mehrmals im Jahr zum Austragungsort für bundesweite Skate-Contests. Künstler aus der Dresdner Street-Art-Szene haben den Park zu einer urbanen Art-Galerie gemacht, die die traurigen Neubauten des ehemaligen Robotron-Werkes nebenan mit frechen Farbtupfern kontert.

Quarters, Pyramiden, Funbox und Down Rail sind für dich Fremdwörter? Kein Problem, du kannst dich hier Stück für Stück an den Asphaltsport herantasten, wenn du den Profis auf der Halfpipe nicht bloß staunend zuschauen magst. Kinderleicht startet das Vergnügen im Familienbereich mit Wellen, Slalom und einfachen Übungselementen. Fortgeschrittene können sich in der Skatearena oder auf dem Spielfeld für Hockey und freies Skaten austoben. Für den Anfang solltest du besser unter der Woche vormittags vorbeischauen. Der Park ist in der Szene sowie bei Familien sehr beliebt, es kann daher schnell voll werden – für Zuschauer gibt es aber dann auch am meisten zu gucken!

16 **Skatepark Lingnerallee • zwischen Rathaus und Hygiene-Museum, Lingnerallee, 01069 Dresden**

Im Reich der Felsen
Wanderabenteuer in der Teufelskammer

Das Höllenfeuer lodert nicht in Wehlen. Die *Teufelsschlüchte* heißen vermutlich nur so, weil sie ein höllisches Vergnügen für Wanderer sind. Zwischen bemoosten Felsen und hohen Tannen wirst du zum Abenteurer!

Die Tour beginnt zunächst noch zivilisiert im malerischen Städtchen Wehlen, dessen kleiner Markt im Sommer beinahe mediterranes Flair verströmt. Von hier aus gelangst du wenige Schritte weiter in den Wehlener Grund, den du bequem zu Fuß oder auch mit dem Rad durchforsten kannst.

Für Fahrräder und Kinderwagen ist in den Teufelsschlüchten dann jedoch Endstation. Durch Teufelsgrund und Teufelskammer kommst du nur zu Fuß weiter. Ein Abzweig führt dich vom Wehlener Grund aus auf den Rundweg ins Reich der Felsen: Schmale Felsspalten und steinerne Treppen erwarten dich! Die Kletterausrüstung darf zu Hause bleiben, feste Schuhe reichen aus, um dem Teufel im Herzen einer verwunschenen Landschaft auf die Schliche zu kommen. Sei unbesorgt! Die Tour ist ein guter Einstieg für Anfänger und ein prima Abenteuer für Kinder.

An manchen Stellen heißt es ducken, an anderen musst du schon den Rucksack abnehmen, wenn du ein enges Felstor passieren willst. Schmale Stufen führen dich auf Plateaus und zu geheimnisvollen Felshöhlen, wobei du die Reize der Sächsischen Schweiz hautnah erlebst. Am Ende ist das Abenteuer viel zu schnell vorbei und du landest wieder im Wehlener Grund. Erhole dich im Gasthaus Waldidyll bei Würstchen und Kartoffelsalat, bevor der Spaziergang durch den Wald bis zum mystischen Felsentor von Caspar David Friedrich weitergeht.

← Vielleicht lauert der Teufel ja hier in der Felshöhle?!

INSIDER-TIPP
Romantik trifft Wildnis

17 Teufelsschlüchte • Start: 01829 Stadt Wehlen

Wo die Kräfte fliehen lernen Bobfahren wie die Profis

→ **So machen es die Großen bei Weltcups, und ähnlich kannst du das Bobfahren auch ausprobieren**

Die Landschaft ist eisig, der Adrenalinkick enorm. Auf der Bobbahn *Wintersport Altenberg* kannst du wie die Weltcupteilnehmer im Bob durch den Eiskanal sausen. Zieh dich warm an, das ist nichts für Ängstliche! Mit einer Spitzengeschwindigkeit von 100 km/h geht es im Gäste-Bob durch elf Kurven rund 1000 m abwärts.

Die Bobbahn in Altenberg ist eine der anspruchsvollsten Kunsteisbahnen der Welt. Jedes Jahr werden auf der Strecke Weltmeisterschaften ausgetragen. Und plötzlich bist du mittendrin: Gesteuert von erfahrenen Bob-Lenkern bekommst du im Vierer authentisches Eisfeeling und siehst die Bahn aus einer Perspektive, die du bislang nur aus dem Fernsehen kanntest. Gib dich der Fliehkraft hin, während die schneebedeckten Wipfel am Waldrand an dir vorbeifliegen. Der Spaß ist schnell vorbei: In nur 45 Sekunden bist du am Ziel!

Ein Erlebnis für alle Altersgruppen ist das ICE-Tubing, bei dem du den Eiskanal auf einem bunten Gummireifen hinabsaust. Auf dieser wilden Rutschpartie bist du im Eiskanal ganz auf dich gestellt. Du denkst, im Sommer läuft hier gar nichts? Weit gefehlt! In der warmen Jahreszeit kannst du auf einen Sommerbob umsteigen. Für Gäste unterscheidet sich die Sause auf Rädern kaum von der rasanten Winterabfahrt.

INSIDER-TIPP
Rodeln zu jeder Jahreszeit!

Wenn du es lieber etwas langsamer angehst, schau auf der *Sommerrodelbahn am Erlebnisberg Altenberg* vorbei, dort hast du Steuer und Geschwindigkeit selbst in der Hand.

18 **Wintersport Altenberg • Neuer Kohlgrundweg 1, 01773 Altenberg • wia-altenberg.de**

19 **Sommerrodelbahn am Erlebnisberg Altenberg • Am Skihang, 01773 Altenberg • erlebnisberg-altenberg.de**

DHL
IDEAL Versicherung

WALTHER

VIACTIV
Krankenkasse
BMW xDrive
IDEAL
Versicherung

Himmelswettkampf an der Elbe Drachen steigen lassen

Die bunten Schleifen wehen kräuselnd im Wind. Fast sieht es so aus, als würde der Drachen in der klaren Herbstluft über der Elbe tanzen. Und er ist nicht allein. An windigen Tagen kannst du an den Elbwiesen in Johannstadt und Blasewitz viele Papierdrachen in der Luft segeln sehen. Im Hintergrund ragt die Spitze des Fernsehturms in den Himmel, während die bunten Gesellen fröhlich das Ufer umkreisen und sich flatternde Duelle liefern.

← Was flattert denn da im Wind?

Wie lange kannst du deinen selbst gebauten Drachen in der Luft halten? Ein bisschen Übung braucht es fürs *Drachen steigen lassen* schon. Wenn du es selbst mal ausprobieren willst, findest du beim *Stadtindianer Dresden* und im Internet viele tolle Anleitungen und Workshops zum Basteln. Nur Papier, Schnur, Leim, ein Stück Holz und eine Schere sind nötig – im Handumdrehen entsteht ein herbstlicher Gefährte.

Du möchtest lieber staunend zusehen, wie einst als Kind? Kein Problem! Bei einem Spaziergang auf der Altstadtseite vom Blauen Wunder hin zur City bewegst du dich quasi direkt durch die »Einflugschneise«. Bleib kurz stehen und schau den Drachen bei ihrem Tanz zu. Federleicht flattern sie in der Luft, die Elbschlösser am anderen Ufer sind eine märchenhafte Kulisse für das Treiben. Sieh, wie sie immer höher steigen, bis sie kaum noch zu erkennen sind. Du wirst überrascht sein, wie vielfältig die farbenfrohen Papierflieger flattern, während Dresdens schönste Seiten zum Schauplatz für ihren Himmelswettkampf werden.

20 **Drachen steigen lassen am Elbufer Blasewitz und Johannstadt • Käthe-Kollwitz-Ufer, 01307 Dresden**

21 **Stadtindianer Dresden • dresdner-stadtindianer.de**

Action auf dem Drahtesel Mountainbiken in der Dresdner Heide

→ **Mitten durch den Wald rasen Mountainbiker bei ihren Ausflügen**

Das Paradies für Mountainbiker beginnt gleich hinter der Neustadt. Im Winkel zwischen der Königsbrücker Straße und dem Militärhistorischen Museum stößt die urbane Welt unmittelbar an den grünen Ärmel der Dresdner Heide. Das über 6000 ha große Waldgebiet ist ein wahres Eldorado für Radsportler. Hier trifft sich die Mountainbike-Szene, um auf rasanten Touren die Landschaft zu durchbrettern.

Über schmale Grate durch den Wald düsen, Wurzeln und Baumstämme im Sprung überwinden und mit Schwung den Fluss queren – im weitläufigen Gelände der Heide kannst du dein Geschick auf zwei Rädern austesten. Ob Anfänger oder Profi, mehr als ein Dutzend spannende Strecken bieten dir unzählige Optionen zum *Mountainbiken in der Dresdner Heide*. Zwischen Spazier- und Wanderwegen gelangst du auf knifflige Trails, die so niedliche Namen wie »Kuhschwanz«, »Pfeilhaus«, »Steingründchen« oder »Sieben-Brücken-Weg« tragen.

Beginn die Tour beim Militärhistorischen Museum, am Steinpark im Prießnitzgrund. Auf dem breiten Pfad entlang der Prießnitz geht es zunächst ganz bequem in den Wald hinein. Doch Vorsicht, die Strecke wird auch von Spaziergängern und Joggern gern genutzt! Nach wenigen Minuten wirst du im Gelände schon die ersten Radspuren entdecken. Traust du dich, gleich den Trail oberhalb der Prießnitz auszuprobieren? Er ist ein guter Einstieg und führt dich zu weiteren Single-Trails verschiedener Schwierigkeitsgrade. Du wirst sehen: Einmal in Schwung, lässt dich das Mountainbike-Fieber bald nicht mehr los!

22 Mountainbiken in der Dresdner Heide • Ausgangspunkt Steinpark, 01099 Dresden (Bus-Haltestelle »Hans-Oster-Straße«)

FOCUS

Gestresst? Dann tief durchatmen, Ommm, die entspanntesten Auszeiten liegen gleich hier um die Ecke. Auf einsamen Pfaden, in der Badescheune, beim Sonnenaufgang auf dem Berg. Hier findest du ganz schnell wieder zur eigenen Mitte.

Die ruhigen Ecken

Entspannen von minimalistisch bis luxuriös

Morgenrot überm Nebelmeer Früh auf dem Pfaffenstein

Der Ausblick lohnt alle Strapazen. Mutterseelenallein sitzt du frühmorgens auf dem *Pfaffenstein* und trinkst einen Kaffee aus der Thermoskanne, während sich der Horizont allmählich rot verfärbt. Der Tag erwacht. Auf dem Tafelberg herrscht himmlische Ruhe. Du bist der erste Mensch, der heute den Aufstieg durch Wald und über felsige Treppen gewagt hat. Dieser Sonnenaufgang gehört nur dir!

↓ Für solch eine Aussicht steht man gerne früh auf!

Langsam hebt sich der rote Feuerball schräg hinter dem Lilienstein und hüllt die Landschaft in warmes, weiches Licht. Nebelschwaden ziehen durch das Tal, und in der Ferne siehst du

einen Ballon aufsteigen. Kann ein Tag schöner beginnen als mit einem Gipfel-Frühstück im Morgenrot?

Auf dem Pfaffenstein gibt es zahlreiche romantische Ausblicke und Plätze zum Picknicken. Ob an der berühmten Barbarine oder vis-à-vis des Liliensteins, im Licht der aufgehenden Sonne wirkt das Elbsandsteingebirge geradezu magisch. Für den Aufstieg im Dunkeln wählst du am besten den leichteren, wenn auch etwas längeren Weg. Er führt dich vom Wanderparkplatz geradeaus, dann rechts ein Stück um den Berg herum. Durch den Wald geht es hinauf. Packe die Taschenlampe ein, denn Baumwurzeln und spitze Felsen kreuzen deinen Weg!

Der Aufstieg auf den Pfaffenstein ist nicht schwierig, aber anstrengend. Oben geht es von einigen Felsplattformen steil hinab. Wenn du dich nicht auskennst, ist Vorsicht geboten! Such dir ein sicheres Plätzchen und genieß die Aussicht. Du wirst sehen: Das Morgenrot über dem Nebelmeer lässt dich den Alltag im Nu vergessen.

1 Pfaffenstein • Pfaffensteinweg 6, 01824 Königstein

Entspannung im Schatten der Ballons

Yoga an der Elbe

Leise dringt die Musik aus den Boxen. Das Gesicht in Richtung Abendsonne gewandt, verheißt jeder Atemzug ein wenig mehr Entspannung. Und bald schon hörst du das Hupen der Dampfschiffe und die Fahrradklingeln am Elbradweg nur noch wie von fern. Eine Stunde Yoga im Freien macht dich fit für den Alltag und treibt dir den Stress aus den Gliedern.

Die weitläufigen Elbauen sind Dresdens höchstes Gut, wenn es um das Thema Lebensqualität geht. Im satten Grün entlang des Flussufers trifft man in der warmen Jahreszeit zahlreiche Sportgruppen, die Schattenboxen, Zumba, Pilates oder eben Yoga an der frischen Luft zelebrieren.

Mitmachen ist ausdrücklich erwünscht und sogar kostenlos möglich! So bietet die Landeshauptstadt unter dem Motto *»Fit im Park«* im Sommer täglich Gratis-Bewegungskurse mit qualifizierten Trainern am Elbufer Johannstadt an. In Juli und August locken zudem die Yoga-Stunden beim Palais Sommer auf die Wiese vorm Japanischen Palais. Von Weitem grüßt der Canaletto-Blick, während Yoga-Profis beim *»Yoga im Park«* einen Einblick in die Breite der Stile und Yoga-Traditionen geben.

Die Kurse sind auch für Anfänger geeignet. Alles, was du brauchst, ist eine Matte, damit die Grashalme dich nicht in den Po pieken – dann kann es losgehen: Hände hoch zum Sonnengruß, während am Himmel die ersten Heißluftballons über die Türme der Stadt ziehen.

← Tief ein- und ausatmen – in der freien Natur vor herrlicher Stadtsilhouette fühlen sich die Yoga-Stunden noch besser an

2 »Fit im Park«, Sport- und Bewegungsangebot der Stadt Dresden • dresden.de/fit-im-park

3 »Yoga im Park« beim Palais Sommer • Juli und August • palaissommer.de

Den Sternen so nah
In der Volkssternwarte Radebeul

→ **Kopf in den Nacken und nach Sternen gesucht – natürlich erst bei Dunkelheit öffnet dir die Volkssternwarte die Tür ins Weltall**

INSIDER-TIPP
Honeckers Sternensucher

Allmählich geht die Sonne hinter den Weinbergen in Radebeul unter. Ihr goldenes Licht hüllt die Landschaft in ein warmes Flimmern, während du durch den Weinberg spazierst und von Weitem die ersten Lichter Dresdens aufleuchten siehst.

Wenn sich die Nacht über Radebeul senkt, beginnt in der *Volkssternwarte Radebeul* oberhalb von Schloss Wackerbarth erst der Tag. Hier kommst du den Sternen ein Stück näher! Der Astro-Club stellt jeden Freitag seine Teleskope scharf und lädt zur öffentlichen Himmelsbeobachtung auf der Terrasse ein. Klare Sicht ist die einzige Voraussetzung, die es braucht, um in ferne Galaxien abzuschweifen.

Im Foyer kannst du allerlei Geräte bestaunen, auch das Teleskop von Erich Honecker hat hier seinen Platz. Bei einer kurzen Einführung erläutern dir die Vereinsmitglieder die aktuellen Sternbilder, bevor du die interessantesten Himmelsereignisse des Abends beobachtest. Hast du den Saturn mit seinem Ring schon einmal in echt gesehen? Die riesigen Teleskope des Astro-Clubs machen es möglich.

Nimm dir Zeit, stell das Rädchen scharf! Unvorstellbar: Der Schein eines hell leuchtenden Sternchens führt dich oft mehrere Hundert Lichtjahre in die Vergangenheit. Monde, Planeten, Sterne und Sternhaufen, Nebel, Galaxien, Satelliten und Raumstationen eröffnen sich dir beim Blick durch den Sucher, während zu deinen Füßen der Weinberg in der Dunkelheit schlummert. Und am Ende der Nacht befördert dich die Aussicht auf die Lichter Dresdens von deiner Reise ins Weltall zurück auf die Erde.

4 **Volkssternwarte Radebeul • Auf den Ebenbergen 10, 01445 Radebeul • sternwarte-radebeul.de**

P

Seeschlachten am Teich Der Leuchtturm ohne Meer

Die sächsischen Kurfürsten waren Männer mit Fantasie. Anders ist es wohl kaum zu erklären, dass Kurfürst Friedrich August III. in Moritzburg einen Leuchtturm ganz ohne Meer errichten ließ. Der *Moritzburger Leuchtturm* befindet sich am Ende einer 50 m langen Mole mit Hafenanlage am Großteich in Bärnsdorf. Wenn du dem schmalen, verwachsenen Kanal von der Ostseite des berühmten Jagdschlosses aus folgst, gelangst du direkt dahin. Setz dich ans Ufer und stell dir vor, wie auf dem Teich früher heftige Seeschlachten tobten. Nicht in echt natürlich. Sie wurden als wildes Spektakel für die Hofgesellschaft inszeniert.

Den Floh hatte der russische Offizier Alexei Grigorjewitsch Orlow dem Kurfürsten ins Ohr gesetzt, als er bei einem Besuch in Dresden von der Seeschlacht bei den Dardanellen erzählte und damit prahlte, wie er 1770 die Türken besiegte. Also ließ der Monarch sehnsuchtsvoll eine Küstenlandschaft samt Leuchtturm und Kriegsschiff-Flotte am Moritzburger Teich nachbauen.

Ein Zimmer mit »Meerblick« bekamen damals nur ausgewählte Gäste im nahe gelegenen *Fasanenschlösschen*. Die Tapeten aus Seide, Perlen und Vogelfedern in dem Minischloss sind schließlich ebenso exklusiv wie der Leuchtturm vor der Tür. Du kannst sie auf einem Rundgang bewundern, solltest dich aber vorher besser anmelden. Fürstlich genießen lässt es sich im *Marcolinihaus*, wo es je nach Jahreszeit Wildbratwurst vom Holzkohlegrill, Glühwein oder Bier gibt, während du drinnen Kaffee und Torte an edel gedeckten Tafeln serviert bekommst.

← Das »Spielzeug« des Kurfürsten Friedrich August III.: der Moritzburger Leuchtturm

INSIDER-TIPP
Designer-Tapeten der Barockzeit

5 Moritzburger Leuchtturm und Fasanenschlösschen • Fasanerie, 01468 Moritzburg • schloss-moritzburg.de

6 Marcolinihaus • Fasanerie 5, 01468 Moritzburg • marcolinihaus.de

Rapunzelturm am Rand des Kreidemeers

Weitblick im Süden

→ »Rapunzel, lass dein Haar herunter!« Da musst du beim Fichteturm lange warten …

Die Wendeltreppe aus Granit erscheint länger, als sie mit ihren 153 Stufen in Wirklichkeit ist. Oben angekommen, liegt dir Dresden zu Füßen. Dabei ist der *Fichteturm* im Süden der Stadt nicht nur der Aussicht wegen einen Besuch wert.

Der Weg dahin führt dich hinaus aus dem Dresdner Kesseltal. Anfangs noch flach, nehmen die Bernhard- und die Kaitzerstraße bald einen steilen Verlauf, sodass es in den Oberschenkeln zu kribbeln beginnt. Die Luft wird knapp – und wie eine Fata Morgana taucht auf einmal zwischen Villen und Wohngebiet der Fichtepark vor dir auf. Der Park ist keine Einbildung, auch der steinerne Turm nicht, der sich in seiner Mitte erhebt und wie aus der Zeit gefallen scheint. Fragt sich nur: Wo ist Rapunzel? Und wann lässt sie ihr blondes Haar herunter?

Zu früh gefreut! Du musst schon selbst hinauf, willst du den Blick von Sachsens ältestem Bismarckturm genießen, der dir die Aussicht auf Frauenkirche und Rathaus bis nach Radebeul und in das weite Dresdner Umland eröffnet.

Eine weitere schöne Aussicht liegt direkt um die Ecke: Der Hohe Stein ist vor Millionen Jahren als Brandungsklippe des damaligen Kreidemeers entstanden. Heute kannst du an dieser Stelle einen Turm mit zwei Plattformen erklimmen. Der *Aussichtsturm »Hoher Stein«* ist zugleich Ausgangspunkt für einen Rundwanderweg, der dich über Felsriffe und eine Obstwiese in den Plauenschen Grund und zurück durchs Bienertviertel führt.

7 **Fichteturm • Aufstieg über Westendring, 01187 Dresden**

8 **Aussichtsturm »Hoher Stein« • Aufstieg gegenüber Coschützer Str. 45, 01187 Dresden**

24
2
KIRN

Bimmelnd ins Tal

Mit der Bahn durch den Nationalpark

Die schrille Klingel hallt unbarmherzig durchs Gebirge. Kurz darauf geht ein Ruck durch die gelben Waggons und die *Kirnitzschtalbahn* nimmt Fahrt auf. Während andere sich wandernd über steile Schluchten hangeln oder glatte Felswände erklimmen, entdeckst du die wilde Natur der Sächsischen Schweiz gemütlich von der Straßenbahn aus.

Ihr Knarzen und Knacken verschmilzt mit den Eindrücken der Landschaft, in der entlang des Flüsschens Kirnitzsch zwischen sattem Grün immer wieder schroffe Sandsteinfelsen aufragen. Was du hier erlebst, ist echt einmalig. Wo sonst auf der Welt fährt schon eine Straßenbahn mitten in einen Nationalpark hinein?

Ein bisschen Hollywood-Flair gibt es obendrauf, denn 2008 fuhr Kate Winslet für die Dreharbeiten zu »Der Vorleser« mit einem der historischen Waggons durchs Kirnitzschtal. Vermutlich hatte sie kaum Zeit, die Landschaft zu genießen.

Dabei ist während der 30 Minuten Fahrtzeit vom Kurpark Bad Schandau bis zum Lichtenhainer Wasserfall Entschleunigung angesagt. Die Haltepunkte führen dich an alte Mühlen und schöne Ausflugslokale. Falls du spontan Lust bekommst, die Natur per pedes zu erkunden, steigst du einfach aus und auf beliebte Pfade wie den Flößersteig um. Bis zur Endstation am Lichtenhainer Wasserfall solltest du die Wanderschuhe auf jeden Fall geschnürt haben.

Frisch gestärkt gelangst du von dem Imbiss an der Haltestelle über Rundwege unterschiedlicher Schwierigkeitsgrade zur Aussicht am »Kuhstall«, auf den Großen Winterberg oder zum Beuthenfall.

← Bitte einsteigen! Los geht die Fahrt mit der Straßenbahn in den Nationalpark

← Ziel des Ganzen: der Lichtenhainer Wasserfall

INSIDER-TIPP
Hollywood-Kulisse

9 Kirnitzschtalbahn •
Start: Kurpark, 01814 Bad Schandau

Genuss mit Aussicht

Auf einen Wein beim König!

→ **Auf der Himmelsleiter breitet sich vor dir eine ... nun ja, himmlische Aussicht aus**

→ **Blauer Himmel, grüne Hänge – die Tour durch den Weinberg ist einfach schön**

INSIDER-TIPP
Königlicher Ausblick

Ganz leicht zu finden ist er nicht. Wer jedoch einmal über steile Kurven und durch dichten Wald bis zum *Königlichen Weinberg in Wachwitz* vorgedrungen ist, wird diesen Ort nicht mehr vergessen.

Der Weinberg gehörte vor etwa 100 Jahren zu den Lieblingsplätzen von König Friedrich August III. von Sachsen. Oberhalb des Rhododendronparks befindet sich seine prächtige Sommervilla. Sie dient dir als Orientierung, denn gleich dahinter geht es hinein in den Weinberg.

Über alte Sandsteinstufen steigst du durch den bewaldeten Hang und gelangst an eine kleine Kapelle. Festes Schuhwerk ist unbedingt zu empfehlen, denn von hier führt eine steile, unebene Treppe ohne Geländer an den Reben entlang, bis sich oben eine traumhafte Aussicht auf Dresden und die Sächsische Schweiz vor dir auftut.

Mit etwas Glück weht dir an besonders schönen Tagen leise Musik entgegen. Geh oberhalb des Hangs durch den Wald weiter bis zum Ende. Dort wirst du auf eine weitere alte Treppe im Weinberg stoßen. Von den Wachwitzern wird sie liebevoll die »Himmelsleiter« genannt. Du ahnst sicher, warum!

Etwa in der Mitte der Himmelsleiter befindet sich ein Tor. Trau dich, geh ruhig hinein. Während du zwischen wilden Reben hindurchwanderst, wird die Musik lauter. Sie kommt von der *KulturTerrasse Scholz*, der wohl schönsten Straußenwirtschaft in Dresden. Such dir ein Plätzchen, genieß die Aussicht und dazu einen sächsischen Elbtalwein.

10 **Königlicher Weinberg in Wachwitz • Start: Königliche Villa, nahe Rododendronpark, 01326 Dresden**

11 **KulturTerrasse Scholz • Königlicher Weinberg Wachwitz, 01326 Dresden • kulturterrasse-scholz.de (Öffnungszeiten beachten!)**

Café
zur
Eseltränke
Das Cafe ist geoffnet
von 15.30-17.30 Uhr

Dorf-Oase in der Stadt Ich glaub, mich laust der Esel!

Charly, Lola, Casimir, Lotti, Jutta und Viola haben es gemütlich an der Elbe. Die sechs Esel leben auf einem großzügigen Hof und bekommen von kleinen wie großen Gästen regelmäßig Streicheleinheiten. Du kannst sie im *Eselnest* in Pieschen besuchen! Der bunte Platz mit Zirkuszelt und Schausteller-Wagen ist nicht nur für die Grautiere eine kleine Oase der Ruhe inmitten der hektischen Großstadt, sondern besonders für Familien und Kinder ein toller Tummelplatz.

← So stur, wie ihnen nachgesagt wird? Finde das im Eselnest raus

← Fütterungszeit für dich – im Café

INSIDER-TIPP
Auszeit am Zirkuswagen

Neben dem Eselstall gibt es ein großes Kaninchen- und Meerschweinchen-Gehege, jede Menge Platz zum Spielen und ein süßes Café in einem winzigen Zirkuswagen. Nimm bei einem liebevoll zubereiteten Kaffee für kleines Geld Platz und genieß die chaotisch-heimelige Atmosphäre! Zwischen Fluss und Hauptstraße kannst du die Esel beobachten und den Alltag vergessen, während die Kleinen richtig Spaß haben: Putzen, Füttern, Eseltraining, Budenbauplatz, Töpfern, Backen und Kochen gehören im Eselnest zu den Angeboten für Kinder ab sechs Jahren. Wer fleißig ist, darf auch mal auf einem der Esel reiten.

Das Projekt Eselnest wurde 1993 ins Leben gerufen. Es ist ein gemeinnütziger Verein und freier Träger der Jugendhilfe. Schau bei einem Spaziergang an der Elbe einfach vorbei, das große Tor steht allen offen! An den Nachmittagen gibt es regelmäßig Angebote für Familien, auch Feste und Eselwanderungen gehören von Zeit zu Zeit zum Programm. Wenn es dir hier gefällt, lass am Eingang gern eine kleine Spende da, den Verein und die Esel freut's!

12 **Eselnest • Eisenberger Str. 2A, 01127 Dresden • eselnest.de**

Am Fuß des Giganten

Clara Schumanns Lieblingsplatz

↓ **Beliebte Strecke jetzt und früher: der Clara-Schumann-Weg**

↓ **Die alte Linde freut sich über Gesellschaft**

Einsamkeit zu jeder Jahreszeit: Zwischen Maxen und Schmorsdorf wanderst du entlang des Clara-Schumann-Wegs über endlose Felder, immer dem Himmel entgegen durchs Müglitztal.

Einst floh das Komponistenpaar Robert und Clara Schumann vor den Wirren der Revolution 1848 zur befreundeten Familie Serre aufs Rittergut Maxen. Heute kannst du dem Pfad der beiden Musiker folgen, ohne auch nur einem Menschen zu begegnen.

Der *Clara-Schumann-Weg* führt dich durch eine malerische Landschaft übers Feld, an einem alten Kalkbrennofen vorbei bis nach Schmorsdorf. Halt die Augen offen und such in dem kleinen Ort nach der alten Linde. Der Baum ist über 1000 Jahre alt! Sein gigantischer Stamm ist hohl. Ruh dich im Schatten auf der Bank

aus und lass den Blick durch den Ort schweifen. Stell dir vor, was die alte Linde alles erzählen könnte. Wem sie wohl schon alles Schatten gespendet hat?

Auch Clara Schumann erholte sich unterm Blätterdach von ihren Wanderungen. Nur wenige Schritte weiter findest du das *Lindenmuseum Clara Schumann* am Fuß des alten Baumes. Du brauchst keine Eintrittskarte. Die nicht mal 7 m² große Ausstellung ist für jeden zugänglich. Geh einfach hinein und lies, was über die Frau auf dem Hundertmarkschein und über den alten Baum dort geschrieben steht!

Nun bist du am Zug: Du kannst von hier aus weiter den über 4 km langen Weg bis nach Weesenstein gehen oder gemütlich zurück nach Maxen spazieren und dort zu Kaffee und Kuchen im Café des *Kunsthof Maxen* einkehren.

13 **Clara-Schumann-Weg und Lindenmuseum Clara Schumann • Schmorsdorf 2, 01809 Müglitztal**

14 **Kunsthof Maxen • Maxener Str. 77, 01809 Müglitztal • kunsthof-maxen.de**

Kaminfeuerstunden am Teich Wellness in der Badescheune

Der Blick schweift in den Hof, wohlig brennt im Kamin ein Feuer. Du hüllst dich in ein weiches Frotteehandtuch und genießt es, einmal faul zu sein. Im *Spa Resort Landlust Dresden* kannst du vier Stunden lang vom Alltag abtauchen und eine private Wellness-Session buchen, bei der die Badescheune samt Saunen, Tauchbad, Palaverraum und Ruheraum ganz allein dir gehört.

Inhaberin Dagmar Schumann hat mit ihrem Mann in Altgorbitz eine Oase der Erholung geschaffen. Hotelgäste wie Einheimische finden auf dem idyllischen Anwesen mit Badeteich, Liegewiesen und Kräuterbeet Ruhe und Abwechslung vom Alltag. Auf den ersten Blick erweckt das liebevoll gestaltete Ensemble den Eindruck eines denkmalgeschützten Areals. Dicke Deckenbalken zeugen von historischer Fachwerkarchitektur, die Inschriften sind mehrere Hundert Jahre alt. Doch der Schein trügt: Tatsächlich sind die Badescheune und das Katzenhaus aus den historischen Baumaterialien einer über 400 Jahre alten Pfarrscheune aus dem Erzgebirge neu aufgebaut worden.

Unterm Holzdach kannst du dich bei einer Massage entspannen oder mit Blick in die Landschaft ein Bad in Kräutern, ätherischen Ölen oder Bier genießen. Zur Abkühlung geht's in den Naturteich im Garten, wo dich die gläserne Überdachung vor Regen schützt. Lass dich zum Abschluss der Wellness-Session im benachbarten *Gasthof Hexenhaus* mit sächsischen Gerichten wie Rinderzunge und Feuerfleisch auch kulinarisch verwöhnen!

← Tschüss, Stress! Hallo Regeneration bei der Massage!

← Im Naturteich lässt man einfach die Beine baumeln

INSIDER-TIPP
Fachwerk mit Historie

15 **Spa Resort Landlust Dresden • Kesselsdorfer Str. 153, 01169 Dresden • landlust-dresden.de**

16 **Gasthof Hexenhaus • Hofwiesenstr. 28, 01169 Dresden • hexenhaus-dresden.de**

Wer singt denn da?
Erkunde Vogelstimmen im Waldpark

→ **Hast du das gehört? Genau hinhorchen ist bei der Vogelstimmenführung angesagt**

Der frühe Vogel kann im Waldpark Blasewitz was erleben. Amsel, Stieglitz, Kohlmeise, Buntspecht und Rotkehlchen heißen die heimischen Top Fünf der Lüfte. Doch wie klingen ihre Stimmen?

Bei der *Vogelstimmenführung* heißt es: Ohren spitzen. Angeleitet von Einem, der sich richtig auskennt, lernst du auf der Tour, die Laute der Piepmätze zu unterscheiden – wobei das für Ungeübte gar nicht so leicht ist. Stadtführer Maik Nollain hat in der Corona-Zeit aus Mangel an Touristen eine neue Idee geboren und die historische Altstadt gegen Naturerleben pur getauscht. Seitdem führt er regelmäßig Gruppen von Interessierten auf der Pirsch nach klangvollem Vogelpiepen durch den Waldpark Blasewitz und die Dresdner Heide.

Ist der Lärm der Großstadt erst einmal von den Bäumen gedämpft, wirst du neben Vogelstimmen noch ganz andere Dinge entdecken: ein Eichhörnchen, das am Baumstamm hinaufflitzt, oder die ersten Früchte des Herbstes, die ploppend zu Boden fallen. Maik Nollain kennt die aktuellen Wohnorte der Singvögel genau. Er vermag zwar nicht zu sagen, was sie sich den ganzen Tag erzählen oder warum die Krähe gerade mit der Elster streitet, dafür weiß er auf dem Rundgang allerhand Wissenswertes über das Leben der Vögel und den Wald zu berichten. Wusstest du etwa, dass die meisten Vögel im Herbst weniger singen als im Frühling? Dafür unterhalten sie sich öfter gesellig. So kannst du den Wald je nach Jahreszeit neu wahrnehmen – und für eine gute Stunde dem Großstadttrubel entfliehen.

17 **Vogelstimmenführung • Tour mit Maik Nollain • ins-gruene.de**

Ein Flügelschlag zur Ruhe Ausspannen an der Windmühle Gohlis

← Ein herrliches Ausflugsziel für jede Tour: die Windmühle Gohlis

← Am Elbufer kann man die Natur auf sich wirken lassen

Die kleine Oase liegt direkt am Elbradweg. Egal, ob du zu Fuß über die Felder und Auen wanderst, mit dem Fahrrad auf einer Tour von Dresden nach Meißen unterwegs bist oder die Gegend mit dem Boot erkundest: Ein Stopp an der *Gohliser Windmühle* lohnt sich schon der idyllischen Lage wegen immer.

Die heutige Mühle ist fast 200 Jahre alt, doch ihre Geschichte reicht bis ins 16. Jh. hinein. Ob als klassische Getreidemühle oder später als Ferien- und Jugendherberge, ihre wechselvolle Historie mündete irgendwann in die Nutzung als uriger Bier- und Kaffeegarten, in dem du Berliner Weiße, heißen Kaffee und kleine Snacks am Wegesrand bekommst.

Es gibt nicht mehr viele Orte in Dresden, an denen du den Blick auf die Elbe derart ungestört schweifen lassen kannst. Während oben auf dem Radweg die Biker vorbeizischen, siehst du auf dem Strom gemächlich Segelboote treiben, wenn nicht gerade ein hupender Elbdampfer vorüberzieht. Ein bisschen scheint es, als sei man hier unten im Schatten der Bäume der Zeit entrückt. Wer Ruhe sucht, kann an den Gohliser Elbauen Natur pur und Kraft tanken.

INSIDER-TIPP
Gemütlich reinkuscheln

In der Mühlenstube findest du auch in den Wintermonaten Unterschlupf. Falls du etwas Zeit mitgebracht hast, kannst du dich zudem für eine Mühlentour anmelden und die historische Technik hinter den vier Windrädern bestaunen. Wer hätte gedacht, dass sich zwischen Kuhwiesen und Sonnenblumenfeldern in Dresden so viel holländischer Charme verbirgt?

18 **Gohliser Windmühle • Windmühlenweg 17, 01156 Dresden • gohliser-windmuehle.de**

Tuckernd ums Schloss
Urlaub mit Traktor und Schäferwagen

→ **Mobile Urlaubswohnung mit Besonderheitscharakter**

Der Motor rattert und tuckert, die Haare wehen im Fahrtwind. Auf einem historischen Deutz-Traktor geht es erst um den Schlossteich von Moritzburg und dann hinaus aufs Land. Die Geschwindigkeit beträgt gerade mal 15 km/h, am Wegesrand winken Passanten und am Ende des Tages wartet ein kuscheliges Bett im Schäferwagen auf dich.

Klingt wie in einem alten Heimatfilm? Das ist Urlaub mit Erholungsgarantie. Mit dem Traktor erkundest du die Teichlandschaft auf charmante Art, gemächlich geht es durch Wälder, vorbei an Pferde- und Kuhweiden, Schlössern, Höfen und den tiefblauen Teichen. Das Konzept *Schäferwagenurlaub* brachte Dariusz Wieczorek aus Irland mit nach Hause. Für sein Herzensprojekt ließ der Inhaber des Hochseilgartens in Moritzburg zwei alte Traktoren aus den 1970er-Jahren touritauglich umrüsten. Wer einen Führerschein Klasse B besitzt, braucht nur eine kurze Fahrschulrunde um das Schloss, bevor die Ferien direkt vor Aschenbrödels Tür – Schloss Moritzburg war der Drehort für »Drei Haselnüsse für Aschenbrödel« – beginnen können.

INSIDER-TIPP
Wo Aschenbrödel tanzte

Je nachdem wie lange du bleibst, erkundest du die Region mit Schäferwagen im Schlepptau oder lässt das rollende Hotelzimmer einfach am Mittelteich stehen und tuckerst durch die Dörfer. Dariusz Wieczorek findet für jeden die richtige Tour und arbeitet mit Betreibern von Bauern- und Pferdehöfen sowie den besten Wirten der Umgebung zusammen. Seine Schäferwagen bieten Platz für bis zu vier Personen und haben eine Campingausrüstung mit Geschirr, Grill, Kühlschrank und Waschbecken an Bord – alles, was du brauchst, um dem Alltag auf romantische Art zu entfliehen.

19 **Schäferwagenurlaub • Kalkreuther Str. 1B, 01468 Moritzburg • schaeferwagenurlaub.de**

DEUTZ
MEI DB 85

Wellenreiten im Wald
Badestellen mit Mehrwert

Eine Welle kommt selten allein. Wenn im *Bilzbad* das Glöckchen klingelt und die legendäre Undosa-Wellenmaschine ihren Betrieb aufnimmt, gibt es kein Halten mehr! Der Naturheilkundler Eduard Bilz hatte das Gerät 1911 auf einer Internationalen Hygiene-Ausstellung entdeckt und ließ es im Licht-Luftbad seines Sanatoriums in Radebeul aufstellen. Dort erfreut es die Badegäste bis heute im Stundentakt. In waldiger Umgebung kannst du abends beim Sommerkino im Bad die Sterne zählen.

INSIDER-TIPP
Filmnächte im Wellenbad

Erholung fern vom Großstadtlärm findest du im alten *Zschonergrundbad*. Im ersten und bislang einzigen Naturbad mit biologischer Selbstreinigung in Dresden kannst du Natur- und Kulturgenuss verbinden. Sichere dir auf den weiten Wiesen ein schattiges Plätzchen und lass die Seele baumeln! Zum Bad gehören ein Kräutergarten und der historische Dachboden über dem Bistro für Kulturevents. Beim abendlichen Besuch im Kräutergarten erfährst du mehr zu naturnaher Gartenpflege und Kräuterheilkunde.

Die *Badestelle Weixdorf* mit Fontäne ist schon seit über 100 Jahren ein beliebtes Ziel zur Abkühlung im Sommer, hier kannst du bis heute herrlich entspannen. Die ruhige Lage lädt zu Spaziergängen durch den Wald ein. Falls du die Umgebung lieber vom Wasser aus erkunden willst, leih dir ein Boot aus! Richtig lustig geht's einmal im Jahr beim Badewannenrennen auf dem See zu.

← Im Waldbad Weixdorf atmest du die klare Waldluft ein, während du um den See schlenderst

20 **Bilzbad • Meiereiweg 108, 01448 Radebeul • bilzbad-radebeul.de**

21 **Zschonergrundbad • Merbitzer Str. 61, 01157 Dresden • zschonergrundbad.com**

22 **Badestelle Weixdorf • Zum Sportplatz 1a, 01108 Dresden • dresdner-baeder.de/freibaeder/badestelle-weixdorf/**

Immer dem Nager nach Auf des Bibers Spur durch die Heide

→ **Schön angelegt führt der Biberpfad durch die Natur – halt auf dem Weg Ausschau nach den Nagern!**

Der fleißige Baumeister hat den ehemaligen Truppenübungsplatz längst wieder für sich erobert. In der Königsbrücker Heide ist der Elbebiber zu Hause – und du kannst ihn besuchen. Entlang des *Biberpfads* wanderst du durch das größte zusammenhängende Naturschutzgebiet in Sachsen, durch dichte Wälder, an klaren Seen vorbei, zu Picknickplätzen und Aussichtstürmen.

Du bist allein auf weiter Flur, nur selten kreuzen andere Spaziergänger deinen Weg. Der Rundweg führt dich über knapp 10 km durch die pure Natur. Sei leise, sieh genau hin! Kannst du irgendwo die Spur der Biber aufnehmen? Ein angenagter Baum, eine Biberburg am Bach, die Nager haben überall kleine Zeichen hinterlassen. Selbst wenn du sie nicht gleich entdeckst, das Zwitschern der Vögel und die frische, würzige Waldluft wecken alle Sinne.

Folge den Schildern, die dich entlang des Biberpfads durch die Heide leiten. Der Biber tut sich hier als eifriger Landschaftsgestalter hervor: An stehenden Gewässern wie dem See der Freundschaft baut er seine Burgen, an der Pulsnitz lebt er in Erd- oder Mittelbauen, am Bohraer Wasser und seinen Zuflüssen errichtet er ganze Staudämme. Vom Biberpfad kannst du den Weg auch über den Turmpfad zum Haselberg fortsetzen, der tolle Aussichten über das Naturschutzgebiet bietet.

INSIDER-TIPP **Abends bei Bibers**

Willst du einen Biber sehen, sind deine Chancen in der Dämmerung am größten, wenn du auf leisen Sohlen durch die Heide spazierst.

23 Biberpfad in der Königsbrücker Heide • Glauschnitz-Bahraer-Weg, 01936 Laußnitz • nsgkoenigsbrueckerheide-gohrischheide.eu

Hier ist was los, hier steppt der Bär. Und du: mittendrin. Stürz dich rein ins pralle Leben, in die urigsten Events, die spannendsten Bars, die stimmungsvollsten Konzerte, die angesagtesten Festivals. Man lebt schließlich nur einmal!

Das pralle Leben

In Feierlaune das ganze Jahr

Fahren wie Fred Feuerstein Die Sause beim Seifenkistenrennen

→ **Abgefahren! Die Seifenkisten kommen in allen kreativen Formen daher**

Schieben oder geschoben werden? Das ist hier die Frage. Beim *Saloppe Seifenkistenrennen* wirst du schnell sehen: Eine Seifenkiste zu bauen ist das eine, sie heil ins Ziel zu bekommen eine ganz andere Sache. Mit Motor läuft in diesem verrückten Rennen jedenfalls gar nichts. Ausgetüftelte Düsenantriebe sind streng untersagt. Allein von reinster Muskelkraft sollen die bunten Vehikel angeschoben werden, so ähnlich wie bei Fred Feuerstein. Ansonsten sind der Fantasie jedoch keine Grenzen gesetzt.

Rollen muss die Kiste, bestenfalls direkt ins Ziel. Ob eckig, rund, drahtig, mühlig, in Form eines Schiffes, Sarges oder schnittigen Rennwagens – das ist beim »Prix de Saloppe« vollkommen wurscht. Am besten baust du schon mal los, dann kannst du dich mit deinen Freunden gleich als Rennteam bewerben. Die Mannschaft schiebt und ein Teammitglied lenkt – dabei geht es in mehreren Runden des Rennens erst mal bergab und später auch wieder bergauf!

Nicht nur für die schrägen Starter ist das Saloppe Seifenkistenrennen längst Kult in Dresden. Zuschauer sind immer willkommen. Auch für sie verspricht das Spektakel pure Gaudi, wobei gute Sicht geradezu garantiert ist! Die 1 km lange Rennstrecke führt traditionell von der Saloppe hinunter zum Wasserwerk und endet am Elbufer. Das Publikum ist hautnah am Geschehen, erfahrene Radiomoderatoren sorgen zusätzlich für brodelnde Stimmung in der Boxengasse. Falls du es selbst mal probieren willst, stellen sich also nur noch zwei Fragen: Welche Form? Und: Schieben oder geschoben werden?

1 Saloppe Seifenkistenrennen • Brockhausstr. 1, 01099 Dresden • saloppe.de/seifenkistenrennen

13
13
13

Sparkassen
Sachsen

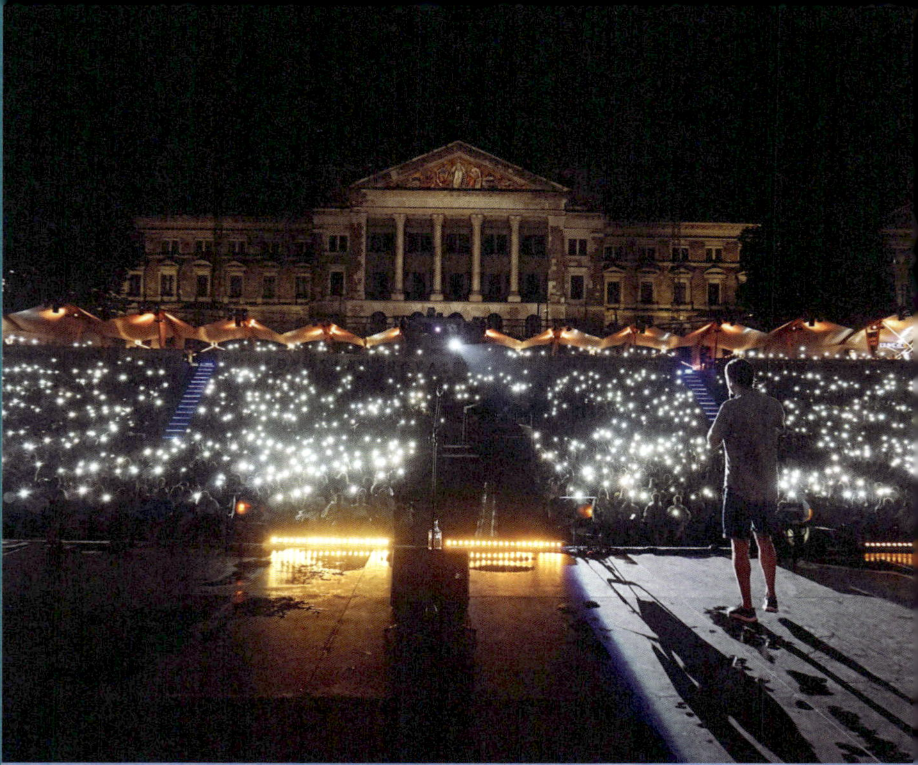

Im Bann der Alltags-poeten Poetry Slams in Dresden

Schlagfertige Wortakrobaten, kuriose Alltagsgeschichten und Humor, der sich zwischen den Zeilen schonungslos seinen Weg in die Lachmuskeln bahnt: Beim *Poetry Slam* bleibt kein Auge trocken, und auch die Kehle nicht. Lässig ein Bier in der Hand hängst du an den Lippen der Slammer und lässt die Pointen auf dich niederprasseln.

In Dresden gibt es unzählige Formate der frech-virtuosen Alltagspoeten, wobei die Locations ebenso vielfältig und kreativ sind wie deren Texte. Die Poetry-Slam-Szene ist ein kleiner Kosmos, der seine Grenzen immer wieder ausweitet. An Einem kommst du dabei auf keinen Fall vorbei: Thomas Jurisch, Ur-Dresdner aus Leidenschaft, hat schon mit zahlreichen Slammern und Kleinkünstlern die Bühne geteilt. Mit seinen Slam-Events hält er die Fäden des Netzwerks fest in der Hand – und das nicht erst, seitdem er den wahren Giganten unter den Dresdner Slam-Formaten ins Leben rief: Der Comedy Slam Royal geht jährlich bei den Filmnächten über die Bühne und gilt als größter Open-Air-Slam Deutschlands.

← Open Air vor wunderschöner Kulisse: Der Comedy Slam Royal gehört zu den Highlights der Slam-Events

INSIDER-TIPP
Slam-Gigant unter freiem Himmel

Egal, ob Elbe, Weinberg, Saloppe oder Schauburg – in allen Ecken der Stadt bricht sich das schnoddrige Literaturvergnügen seine Bahn. Auch Jakob Jochem ist einer, dem du hier gern begegnest. Mit seinem Beachslam startete er ein charmantes Slam-Event am Elbestrand. Von Mai bis Oktober wetteifern die Teilnehmer dabei um die begehrtesten Badetücher des Landes. Mach mit und trete mit einem selbst geschriebenen Text an! Mit etwas Glück verschönert das Frottee nachher auch dein Badezimmer.

2 **Poetry Slams • verschiedene Locations • slamevents.de**

Pfadfinderparty an der Elbe Lagerfeuer mit Altstadtkulisse

→ **Beim Grillen hast du Dresden gut im Blick**

→ **Das Feuer prasselt, der Duft von Gegrilltem steigt auf, die Sommernacht ist lau – so kann ein Tag wunderbar ausklingen**

Knisternd lodert das Feuer am Flussufer, es riecht verlockend nach Bratwurst, Knüppelkuchen und Grillgemüse. Einen Pulli brauchst du nicht, denn das Lagerfeuer wärmt die Glieder, und von fern siehst du die Türme der Stadt in der Dämmerung strahlen.

Für lauschiges Pfadfinderfeeling an der Elbe brauchst du weder einen eigenen Garten noch eine handfeste Outdoor-Ausrüstung. Ein bisschen Proviant, etwas zum Trinken, Kohle, Grillanzünder und Streichhölzer sind genug – dazu eine Picknickdecke, und schon kann deine private Party unter freiem Himmel beginnen!

In Dresden gibt es zahlreiche öffentliche Grillplätze und fünf ausgewiesene Feuerstellen, an denen du nach vorheriger Anmeldung Lagerfeuerromantik mit Barockkulisse genießen kannst. Im Internet findest du eine Karte, die dir einen Überblick über die schönsten *Grillplätze* in den verschiedenen Stadtteilen verschafft. An diesen Orten darfst du jederzeit ohne Erlaubnis gebührenfrei grillen. Es sei denn, vor dir war schon jemand schneller!

Die Nutzung von einer der offiziellen *Lagerfeuerstellen* am Elbufer Johannstadt, unterhalb der Eisenberger Straße, des Körnerwegs, in Hosterwitz sowie an der Trillemündung in Loschwitz musst du vorab online gegen eine geringe Gebühr bei der Stadt beantragen. An den Feuerstellen in Pieschen und in Johannstadt hast du die Stadtsilhouette bei deiner Party immer im Blick. Die schönsten Grillplätze sind die entlang des Elbufers, unterhalb des Rosengartens, an der Albertbrücke und an der Saloppe.

INSIDER-TIPP
Mit Canaletto-Blick ums Feuer tanzen

3 **Grill- und Lagerfeuerplätze in der Landeshauptstadt Dresden • dresden.de/de/stadtraum/umwelt/umwelt/luft/Lagerfeuer-und-Grillen.php**

WATERLOO

Gut behütet durch die Nacht Hutball im Parkhotel

Von wegen an den Nagel hängen! Der Hut gehört auf den Kopf und dort bleibt er auch. Einmal im Jahr stehen die kreativen Kopfbedeckungen beim *Hutball* und bei der *Hutballparty im Parkhotel* im Mittelpunkt der Aufmerksamkeit.

Im historischen Ballsaal des Parkhotels tanzt du unter der Stuckdecke bis in die Morgenstunden. Die Szenerie verströmt je nach Jahresmotto zarten Charme der 1920er-Jahre, auch wenn die Musik durchaus moderne Saiten anschlägt. Von Swing bis Rock, von Chanson über Jazz bis Elektro reicht die Farbpalette der Bands, die sich auf mehrere Floors verteilen. Dein Hut begleitet dich durch die Nacht, zieht Blicke an, löst Staunen aus – je nachdem wie kreativ du dein Outfit auf die Kopfbedeckung abgestimmt hast. Egal, ob klassisch mit Zylinder oder nur dezent mit Blumenschmuck im Haar: Der Hutball ist in Dresden Kult, die Karten sind begehrte Bückware. Keine Frage, da muss jeder mal dabei gewesen sein.

Schließlich verbindet das ausgelassene Ballvergnügen Dresdner Partytradition mit moderner Feierlaune. Der Hut ist dabei Stilmittel und Herausforderung zugleich. Setz ihn dir auf und tanze einfach mit! Höhepunkt zur späten Stunde ist die Wahl der drei bestbehüteten Paare des Abends durch eine Jury. Jetzt weißt du auch, warum du dich hier auf gar keinen Fall ohne Kopfbedeckung aufs Parkett trauen solltest.

Bei der Hutballparty geht es etwas lockerer zu. Sie ist das lebhafte Vorglühen vorm Ballglamour, eine Art Ouvertüre für das Ballwochenende. Doch auch hier gilt: Ohne Hut geht gar nichts, es sei denn, du willst wirklich auffallen!

← Der Name ist Programm: Hüte wohin man sieht in prächtiger Szenerie beim Hutball

4 Hutball und Hutballparty im Parkhotel • Bautzner Landstr. 7, 01324 Dresden • hutball.de

Aus der Wundertüte
Straßenkunst beim Schaubudensommer

→ **Applaus! Groß und Klein lassen sich von den Künstlern begeistern**

→ **Überall und hautnah gibt es was beim Schaubudensommer zu entdecken**

Achtung, Gaukler, Artisten, Schauspieler und Kabarettisten kreuzen! Beim *Schaubudensommer Dresden* ist jedoch genau diese wilde Mischung aus schrägen Figuren gewollt. Die Hauptstraße ist mit allerlei Kunst und Krempel verziert, niemand weiß so recht, wieso, weshalb, warum, und alle haben Spaß an dem bunten Treiben.

Tauch ein in die Welt der Fantasie, der Kunst, des kreativen Wahnsinns, die auf den Traditionen fahrender Schausteller in Zirkuszelten und bunten Wagen fußt. Internationale Künstler erwarten dich bei diesem Sommerfestival. Und doch ist das Spektakel immer so etwas wie eine Wundertüte. Am besten denkst du nicht zu viel nach und lässt dich einfach überraschen!

INSIDER-TIPP
Immer der Menge nach!

Die langen Kreidetafeln geben einen ersten Überblick über das, was auf den verschiedenen Plätzen und in versteckten Winkeln der Straße am Abend läuft. Die tollsten Shows erkennst du aber ganz einfach daran, dass sich eine riesige Traube Menschen ringsum tummelt. Kein Durchkommen mehr? Dann bist du hier genau richtig! Die Menge löst sich langsam auf? Dann hast du vermutlich gerade das Beste verpasst! Doch auch das ist kein Problem, denn die meisten Programmpunkte werden mindestens einmal wiederholt. Pirsch dich also beim nächsten Mal rechtzeitig heran und sichere dir ein Plätzchen ganz vorn.

Und wenn du dich jetzt fragst, was das ganz Spezielle an diesem Schaubudensommer ist: Er ist wie eine große wilde Welt aus Fantasten, und du bist mittendrin. Also Herz auf und los geht's! Du wirst es nicht bereuen.

5 **Schaubudensommer Dresden • auf der Hauptstr., 01097 Dresden • schaubudensommer.de**

FerBo

KALIMERA

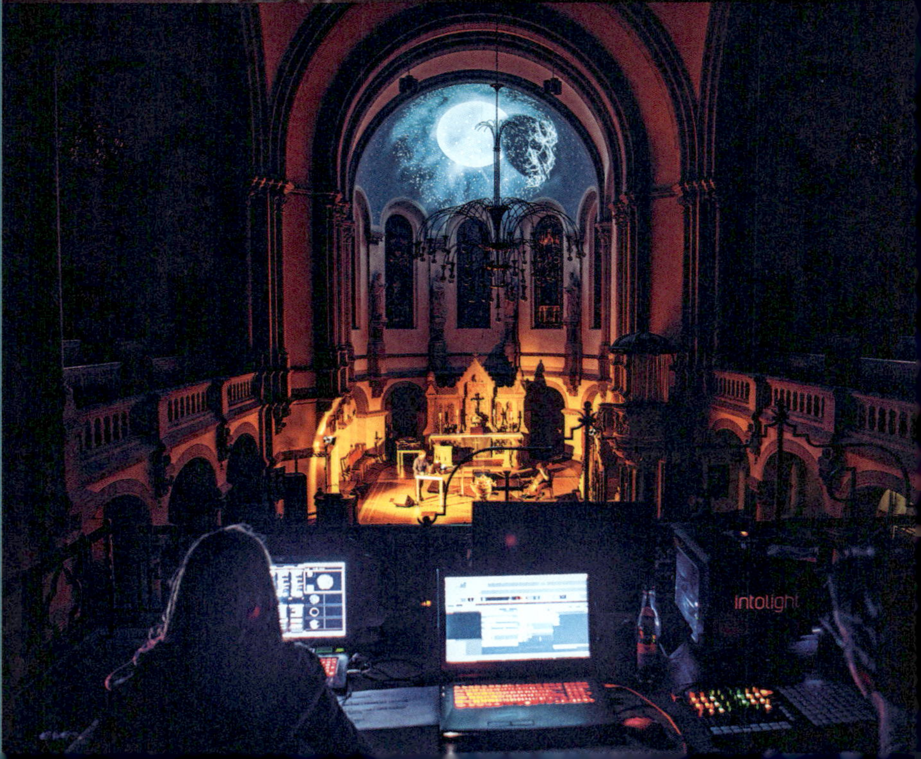
intolight

Mach die Stadt zum Club! Techno in der Kirche

Dave steht für Dresden Audio Visual Experience – und bedeutet mehr als nur Party auf drei Floors. Das Festival für Clubkultur bringt elektronische Musik seit 2014 an Orte, wo du sie in Dresden nicht vermuten würdest. Techno, House oder Hip-Hop als konzertantes Erlebnis im Schauspielhaus, im Saal des Hygiene-Museums, im Palais im Großen Garten oder gar in der Martin Luther Kirche? Ja, warum denn nicht!

Neben typischen Neustadtclubs wie Groovestation, Koralle oder Ostpol bringt Dave die gesamte Stadt zum Klingen – und zeigt, dass nicht bloß die Hochkultur in der Barockstadt zu Hause ist. Zu Musik von DJs aus aller Herren Ländern tanzt du an den zehn Festivaltagen durch die Nacht. Doch das *Dave Festival* ist viel mehr als nur eine zehntägige Party mit innovativem Clubformat. Das Festival versteht sich als Plattform, Netzwerk und Vermittlungsinstanz, vor allem aber als Förderer von Nachwuchskünstlern elektronischer Musik. Zum Programm gehören daher auch DJ-Workshops und Diskussionsabende zu allem, was die Szene aktuell bewegt.

Wichtig ist den Machern neben dem Klang die audiovisuelle Komponente bei den Veranstaltungen. Mittels Licht oder Videoprojektionen erwacht die Musik auch optisch zum Leben. Visual Artists, Musiker und Tänzer sprengen beim Festival immer wieder Genregrenzen und öffnen die Clubmusik für breitere Publikumsschichten, wobei die Sounds auch mal mit Jazz oder Pop verwandt sein können und nicht immer rein elektronisch durchwoben sein müssen. Du hast Lust an Experimenten und lässt dich gern auf neue Formate ein? Dann bist du bei Dave genau richtig!

← Nicht nur für die Ohren, sondern auch für die Augen: Audiovisuelle Elemente und …

← … imposante Umgebungen gehören zum Dave dazu

INSIDER-TIPP
Von der Party zum Workshop

6 **Dave Festival • dave-festival.de**

Entspanntes Mitlauschen Konzerte auf der Picknickdecke

→ **Beim Palais Sommer: Für Musik ist gesorgt, Essen kannst du selbst mitbringen**

Das Leben kann so schön sein: Picknickdecke ausbreiten, Wein auspacken, Musik genießen. Und da die in Dresden den ganzen Sommer über open air spielt, kannst du dich entspannt mit deinen Freunden zurücklehnen.

Die charmante Alternative zum Konzerttrubel vor den Freilichtbühnen ist es, auf guten Wind zu vertrauen und einfach als Zaungast von draußen zuzuhören. Ob bei den *Filmnächten am Elbufer* oder auf den Wiesen um die *Junge Garde* im Großen Garten: Mit Picknickkorb und Decke wirst du zum Mitlauscher. Hier kannst du jederzeit spontan dazustoßen und umgehst das Gedränge am Einlass inklusive Taschenkontrolle. Niemand, der sich beschwert, wenn du mit Freunden während eines Songs lauthals Erinnerungen auffrischst, und keiner, der dir beim Tanzen auf die Füße tritt. Dafür gibt es selbstgemachte Dips, Knabbereien und deinen Lieblingswein, garantiert ohne Glaspfand.

Grundsätzlich frei ist der Eintritt beim *Palais Sommer*, weshalb das allgemeine Deckenaufkommen im Park am Japanischen Palais naturgemäß etwas höher ist. Die Imbissstände ringsum bieten Alternativen zum Proviant im eigenen Korb, während Musik von Klassik bis Pop oder ein alternatives Kinoprogramm dich durch den Abend begleitet. Wenn das Programm einmal nicht überzeugt, packst du einfach deine Sachen und ziehst weiter. Bis zum nächsten spontanen Konzertabend auf der Wiese!

7 **Filmnächte am Elbufer • Elbwiesen, Königsufer, 01097 Dresden • dresden.filmnaechte.de**

8 **Junge Garde im Großen Garten • Karcherallee 10, 01277 Dresden • junge-garde.com**

9 **Palais Sommer • Palaisplatz 11, 01097 Dresden • palaissommer.de**

PALAIS-SOMMER

Feiern wie Bacchus
Im Herbst gibt's Wein statt Oktoberfest

Was in München das Oktoberfest ist, sind in Dresden die Weinfeste im Umland. Entlang der sächsischen Weinstraße kannst du auf Dirndl und Trachtenanzug verzichten, wenn du dich durch die Rebsorten heimischer Winzer probierst. Beim *Herbst- und Weinfest Radebeul* gehört typische Kirmesstimmung auf dem Rummelplatz genauso zum Programm wie das Wandertheaterfestival, das zwischen Federweißem und Flammkuchen mit kurzweiligen Vorstellungen aufwartet. In Radebeul wirst du der Kunst an allen Ecken begegnen. Versäum es nicht, durch das kuriose Holzlabyrinth auf den Elbwiesen zu irren, bevor es beim Lagerfeuer am letzten Abend traditionell in Flammen aufgeht!

Solltest du die Weinkönigin auf der Elbe im Schnellboot vorbeidüsen sehen, liegt das nicht am Alkohol, sondern daran, dass die *Weinfeste in Meißen* und Radebeul zeitgleich stattfinden. Ohne Motorboot hast du die Qual der Wahl: Wein und Leckereien in den engen Innenstadtgassen von Meißen oder auf dem Anger in Altkötzschenbroda? Ein Glück, dass die Feststimmung in beiden Städten drei Tage währt, so kannst du beide Weinfeste besuchen.

Urig gemütlich geht es zudem beim *Winzerstraßenfest in Weinböhla* zu. In den alten Höfen rings um den Zentralgasthof feierst du wie vor hundert Jahren. Mit Volksmusik und weinseliger Laune an liebevoll dekorierten Tischen ist das Fest gewöhnlich der offizielle Auftakt für die Weinfestsaison rings um Dresden.

← **Dass Kunst und Wein gut zusammenpassen, erfährst du auf dem Herbst- und Weinfest Radebeul**

← **Auf der Festmeile pulsiert das Leben**

10 **Herbst- und Weinfest Radebeul • 01445 Radebeul • weinfest-radebeul.de**

11 **Weinfest Meißen • 01662 Meißen • meissner-weinfest.de**

12 **Winzerstraßenfest Weinböhla • 01689 Weinböhla • weinboehla.de**

Mörderjagd mit Gleichgesinnten
Tatort-Public-Viewing

→ **Dein Treffpunkt für sonntags, 20.15 Uhr: das Kino in der Fabrik**

Warum wirkt das Blaue Wunder im Fernsehen auf einmal so lang? Und wer ist eigentlich der Mörder? Wenn am Sonntag die berühmte »Tatort«-Melodie in der ARD erklingt, versammelt sich Deutschland vor dem TV. Egal, ob eine Folge mit dem Dresdner Ermittlerteam oder einem anderen, Public Viewing ist beim Krimischauen Programm. Die Orte, an denen du sonntags zur besten Sendezeit zusammen mit Gleichgesinnten auf Mörderjagd gehen kannst, sind dabei fast genauso kultig wie die Reihe selbst.

Wenn du den »Tatort« schon immer mal in klassischer Kinoatmosphäre erleben wolltest, bietet das *Kino in der Fabrik* die perfekte Abwechslung zum Filmabend auf der heimischen Couch. Zwischen aktuellen Programmfilmen flimmert in der Fabrik jeden Sonntag auch der »Tatort« über die große Leinwand. Entdeckst du hier das entscheidende Detail? Hol dir einen Wein und etwas zum Knabbern an der Bar, lehn dich zurück – und geh entspannt auf Spurensuche.

INSIDER-TIPP
Cocktail-Legenden

Urig schummrige Kneipenatmosphäre erwartet dich im *Madness* im Herzen der Dresdner Neustadt. Statt Popcorn gibt's irisches Bier vom Fass und ein Krimi-Erlebnis, das beinahe schon als Party durchgehen könnte. Vielleicht bringt dich einer der legendären Band-Cocktails auf die richtige Spur. Die Namensgeber sind alle schon im Madness aufgetreten. Ob Bier oder Caipi, dein Tatort-Abend wird in dieser schrulligen Kneipe gewiss gemütlich, aber niemals einsam sein.

13 **Kino in der Fabrik • Tharandter Str. 33, 01159 Dresden • kif-dresden.de**

14 **Madness • Görlitzer Str. 23, Kunsthofpassage, 01099 Dresden • madness-dresden.de**

kino in der fabrik
8

Lichterglanz jenseits des Stollensektors

Advent mal anders

Da hat doch jemand die Zeitmaschine angestellt, zumindest fühlt es sich auf dem *Weihnachtsmarkt auf der Festung Königstein* ein bisschen so an: Von den historischen Marktbuden her steigen verführerisch die Düfte von Met und Knüppelbrot in die Nase, an der Krippe wachen Esel und Schafe über das Christuskind. Kinder drehen sich auf dem handbetriebenen Karussell und in den Kasematten kannst du Handwerkern, die historische Gewerke ausüben, bei der Arbeit zusehen. Im Schein der Herrnhuter Sterne findest du Naturprodukte aus der Region, während der längste Adventskalender Deutschlands geduldig die Tage zählt.

← Wie mit Puderzucker bestreut liegt der Weihnachtsmarkt auf der Festung Königstein da …

← … und für eine gute Stimmung sorgen die Musiker

Der Zeit entrückt und eine romantische Alternative zum Trubel auf den Innenstadtmärkten ist auch der *Weihnachtsmarkt Loschwitz*. Bei den Händlern rund um den historischen Dorfkern am Körnerplatz kannst du allerlei Handarbeiten und Geschenke kaufen. Liebevoll zubereitete Leckereien und handgemachte Musik lassen in Loschwitz festliche Stimmung aufkommen.

In Radebeul wird der Dorfanger Altkötzschenbroda in der Adventszeit zum heimeligen Lichterpfad. Die Künstlerin Bärbel Voigt fertigt jedes Jahr eine Installation aus Laternen an, die dem *Weihnachtsmarkt Radebeul* ein besonderes Flair verleiht. An den Buden werden Winzerglühweine der ansässigen Weinproduzenten ausgeschenkt. Vielleicht triffst du dabei auf Kultfigur Arnold Bösewetter, der gern schwadronierend über den Markt zieht.

INSIDER-TIPP
Glühwein ganz regional

15 **Weihnachtsmarkt auf der Festung Königstein • Festung 1, 01824 Königstein**

16 **Weihnachtsmarkt Loschwitz • Friedrich-Wieck-Str., 01326 Dresden**

17 **Weihnachtsmarkt Radebeul • Altkötzschenbroda 21, 01445 Radebeul**

Das war ein bisschen viel an Info? Du weißt nicht, wo du anfangen sollst? Na dann, hier kommen ein paar Vorschläge: die Tipps aus diesem Buch, neu gedacht, neu sortiert. Teste dies, probiere das und würfel alles wieder neu zusammen!

Mix & Match

Mach dein eigenes Ding

Kurzurlaub
In zwei Tagen besonders viel erleben

Tag 1

Schnitzeljagd mit Erich Kästner
Der Tag beginnt entspannt in der Neustadt. Gönn dir ein Frühstück in der Bäckerei George, wo der Autor Erich Kästner schon als kleiner Junge gern einkaufte. Von da aus geht's auf den Spuren des berühmten Schriftstellers quer durch die bunten Straßen von Dresdens Szeneviertel. → **S. 58**

Pelmeni mit Pfiff
Anschließend tankst du im Hof des Restaurants *Raskolnikoff* ein bisschen Ruhe. Das Lokal hat zwar keine russische, aber eine lückenlose Pelmeni-Tradition mit bis zu 60 Varianten. Nicht mal in Moskau bekommst du die Teigtaschen in so kreativen Kombinationen wie hier serviert. → **S. 46**

Street-Art der Extraklasse
Nach dem Street-Art-Viertel Neustadt kannst du den Rundgang durch die urbane Kunstgalerie in der *Friedrichstadt* fast nahtlos fortsetzen. Zwischen Bahnhof Mitte und Waltherstraße findest du ein Dutzend große Murals und viele kleine Werke in einer der größten *Street-Art-Galerien* Europas. → **S. 65**

Trickfilmzeichnen leicht gemacht
Der Nachmittag bietet dir Gelegenheit, selbst kreativ zu werden. In der Trickfilmschule *Fantasia Dresden* lernst du die wichtigsten Kniffe, um kleine Figuren oder bunte Schnipsel zum Leben zu erwecken. Nach dem Workshop kannst du dein Filmchen auf einem Stick mit nach Hause nehmen. → **S. 76**

Musik zum Abend
Du hast die Kulturstadt Dresden heute von ihren schönsten Seiten kennengelernt, abends erwartet dich in der *Hochschule für Musik* → **S. 62** etwas fürs Ohr. Hier erlebst du die Stars von morgen bei Prüfungen sowie Klassik-, Jazz-, Rock- und Pop-Programmen.

Tag 2

Mit den Vögeln aufstehen

Der frühe Vogel hört, was Schlafmützen verpassen würden. Die *Vogelstimmenführung* im Waldpark Blasewitz verschafft dir eine Frischluftkur am frühen Morgen. Hör genau hin, was Amsel, Drossel, Fink und Star zu sagen haben! Du wirst merken, die Piepmätze quasseln lauter als alle Autos und Bahnen zusammen. → **S. 142**

Fummel zum Essen

Beseelt von der Waldluft geht es in die Porzellanstadt Meißen. Hier gibt es ein Gebäck, das genauso zerbrechlich ist wie das »Weiße Gold«, es heißt *Meißner Fummel* und lässt sich nur mit Vorsicht als Mitbringsel nach Hause tragen. Du kannst es aber auch einfach sofort aufessen, z. B. in der *Konditorei Zieger!* → **S. 16**

Wild-West auf der Schiene

Mit der *Lößnitzgrundbahn* bist du wie zu Zeiten Karl Mays unterwegs. Nach einem Besuch in der Villa Shatterhand tuckerst du gemächlich von Radebeul bis Moritzburg. Wenn die Rauchschwaden sich überm Lößnitzgrund kräuseln und der helle Pfiff über den Teichen jubiliert, kommt Wild-West-Romantik auf. → **S. 106**

Bogenschießen im Jagdgebiet

Wild her geht es anschließend auch beim 3-D-Bogenschießen im *Abenteuerpark Moritzburg*. → **S. 11** Mit Pfeil und Bogen kannst du zeigen, ob du genauso zielsicher bist wie Karl Mays Banditen. Das Besondere daran: Du zielst nicht auf runde Scheiben, sondern auf Schaumstoffwild. Na, triffst du?

Lagerfeuer am Fluss

Beim *Lagerfeuer* an der Elbe lässt du diesen Tag entspannt ausklingen. Während du deinen Knüppelkuchen in der Flamme drehst, schaust du auf die Altstadt von Dresden. Ab und zu fährt hupend ein Dampfer vorbei. Dazu ein Glas Wein und der Blick zu den Sternen – was braucht es mehr, um glücklich zu sein? → **S. 158**

Auszeit
Ein herrlich entspannter Tag

Brotgeschichten in der Mühle
Morgens schon das Abendbrot vorbereiten. Es klappert die Mühle, es kneten die Hände und dabei hörst du unterhaltsame Geschichten über Brot und Korn. Während dein Brot im Ofen auf dem Hof der *Zschoner Mühle* → **S. 41** backt, siehst du dir die alte Mühlentechnik an. Perfekt zum Start in den Tag ist dann ein langer Spaziergang durch den Zschoner Grund.

Sightseeing auf dem Brett
Am Vormittag ist Sightseeing angesagt. Lass dich von *Windsurfen Dresden* am Stausee in Cossebaude in die Technik des Stand-up-Paddling einweisen. Per Shuttle geht es von hier aus mit Brett und Paddel zum Pieschener Hafen. Auf einer geführten Tour paddelst du 10 km über die Elbe durch die Innenstadt. → **S. 102**

Genießen wie Gott in Frankreich
Zumindest kulinarisch fühlt sich ein Besuch im Frankreichladen *savoir vivre* an wie ein Kurztrip nach Paris. Lass dir im Bistro Café au lait servieren und die Seele baumeln! Neben Wein und französischem Gebäck hast du an der Käsetheke des Geschäfts die Wahl aus über 150 Sorten französischen Weichkäses. Bon Appetit! → **S. 49**

Yoga mit Aussicht
Im Sommer steht an den Elbwiesen Sport unter freiem Himmel auf dem Programm. Pack die Sportmatte ein: Die *Yoga-Stunde an der Elbe* → **S. 125** in Johannstadt mit Gleichgesinnten und der Kuppel der Frauenkirche im Blick ist so unvergesslich wie entspannend.

Zauberei im Schloss
Lehn dich zurück und lass dich verzaubern! Zauberkünstler aus ganz Europa kommen zu *Deutschlands Zauberschloss* in Schönfeld, um vor Publikum ihre Tricks zu zeigen. Hier kannst du zudem eine Ausstellung zur Geschichte der Zauberkunst besuchen. → **S. 84**

Weltreise
Exotische Orte ganz nah

Zigarrendrehen wie in Kuba
Lazaro Javier fertigt in seiner Schauwerkstatt *Zigarren Manufaktur Dresden* → **S. 75** Zigarren mit traditionellen Werkzeugen. Schau ihm dabei zu und tauch beim Rum-Tasting in die kubanische Lebensart ein.

Baden wie die Eskimos
Beim *Eisbaden* in Dresdens Seen erwachen alle Sinne und das Immunsystem wird fit für die kalte Jahreszeit. Traust du dich, bei Minusgraden in den See zu springen? Dann nutze am Kiessee Pratzschwitz oder beim Elbeschwimmen die Gelegenheit! → **S. 108**

Wachmacher in Bohnenform
Seit das »Scheelchen Heeßer« von den Türken importiert wurde, gehört es zu Dresden wie Christstollen.

Eine besondere Auswahl gerösteter Bohnen von Plantagen entlang der Äquatorlinie gibt's in der *Dresdner Kaffee- und Kakaorösterei*. Hier kannst du deine Barista-Skills beim Workshop erweitern. → **S. 30**

Himalaja in den Weinbergen
Bergsteigen wie im Hochgebirge, ja, auch das geht in Dresden! Auf der Spitzhaustreppe kannst du einen Marathon auf den Himalaja zurücklegen. In 24 Stunden musst du beim *Mount Everest Treppenmarathon* die 397 Sandsteinstufen 100 Mal hinunter und hinauf. Einmal hoch und die Aussicht genießen tut's für den Anfang auch. → **S. 92**

Im Bann der Mayakultur
Für eine Reise ins Reich der Maya musst du nicht das Flugzeug besteigen. Gehe in die *Corty Galerie* in der Sächsischen Landes- und Universitätsbibliothek! Dort liegt ein alter Maya-Kalender mit Hieroglyphen – der einzige seiner Art weltweit, der öffentlich zugänglich ist. → **S. 66**

Kinderkram
So werden die Kleinen glücklich

Landidyll mit Grauohren
Streicheln, füttern oder einfach nur spielen: Im *Eselnest* → **S. 137** warten nicht nur Grauohren auf kleine Gäste. Mit Spielplatz, Esel- und Kaninchenstall ist die urige Oase an den Elbwiesen in Pieschen ein ideales Ziel für Familien. Fernab vom Straßenlärm genießt du ein Stück Landleben in der Großstadt.

Grenzenlos austoben
Im Trampolinpark *Superfly* sind deiner Energie keine Grenzen gesetzt, spring von Parcours zu Parcours! Wage einen Köpper in Schaumgummi oder stürz dich die Freier-Fall-Rutsche hinunter aufs Kissen. Du wirst in jedem Fall weich fallen und jede Menge Kalorien verbrennen. → **S. 105**

Abenteuer zwischen Felsen
Schmale Felsspalten und steile Steintreppen in einer märchenhaft verwunschenen Landschaft: In den *Teufelsschlüchten* werden Abenteuerfantasien wahr. Wo es eng wird, sind die Kleinen im Vorteil! Doch auch für Große ist der Rundweg ein diebisches Vergnügen und ohne Klettererfahrung problemlos machbar. → **S. 113**

Rodeln in der City
Es braucht nur ein bisschen Schnee, schon kannst du im Herzen der Dresdner Innenstadt eine wilde Rutschpartie unternehmen. Unterhalb des Waldschlösschens findest du am Fuß der modernen Brücke Dresdens schönsten Rodelhang. Er bietet *Wintersport* und eine Gaudi für Jung und Alt. → **S. 101**

Drachen überm Schloss
Drachen und Schlösser gibt es nicht nur im Märchen, sondern auch in Dresden. *Drachen steigen lassen* ist am Ufer zwischen Blasewitz und Johannstadt angesagt. Sieh, wie dein selbst gebauter Drachen vor den Elbschlössern und der Altstadt tanzt. → **S. 117**

Sauwetter
Wo es bei Regen besonders schön ist

Minigolf in Graffiti-Landschaft
Warm, trocken und eine echte Herausforderung: Beim *Blackluxx® 3-D-Schwarzlicht-Minigolf* kannst du dein Handicap zwischen leuchtenden Bandenelementen austesten. Konzentration ist gefragt, lass dich nicht von den kunstvollen Graffitiwelten an der Wand ablenken! → **S. 97**

Mathematik zum Anfassen
Komponieren per Würfelspiel und Tischkicker spielen mit einem Laserstrahl – in den *Technischen Sammlungen* wird selbst trockene Mathematik zum Erlebnis. Die Ausstellung führt dich zum Ursprung bahnbrechender Erfindungen und zeigt, wie die Technik die Welt verändert. → **S. 87**

Klettern ohne Aussicht
Zum Klettern in die Sächsische Schweiz? Das geht auch bei Regen! Im *Indoor-Hochseilgarten* → **S. 99** in Königstein bist du auf dem Parcours mit 18 Elementen, den zwei Klettertürmen und der Kletterwand selbst bei Mistwetter sicher unterwegs.

Zeitreise durchs Gewölbe
Unter der Brühlschen Terrasse öffnet sich dir mit *Festung Xperience* eine Tür zur Geschichte der Stadt. Beim multimedialen Rundgang durch die Dresdner Festung folgst du dem Geist von Herzog Moritz durch die Jahrhunderte, während das alte Gemäuer mit Video- und Soundprojektionen um dich herum lebendig wird.
→ **S. 23**

Sternegucken trotz Wolken
Der Himmel ist näher, als du glaubst. In der *Volkssternwarte Radebeul* unternimmst du umringt von den Weinbergen eine Reise zu den Sternen, erkundest die Milchstraße und lässt dich vom Lauf der Planeten treiben. Der Blick über die beleuchtete Stadt heißt dich am Ende wieder auf der Erde willkommen. → **S. 126**

Dies & Das

Karten, Register und mehr

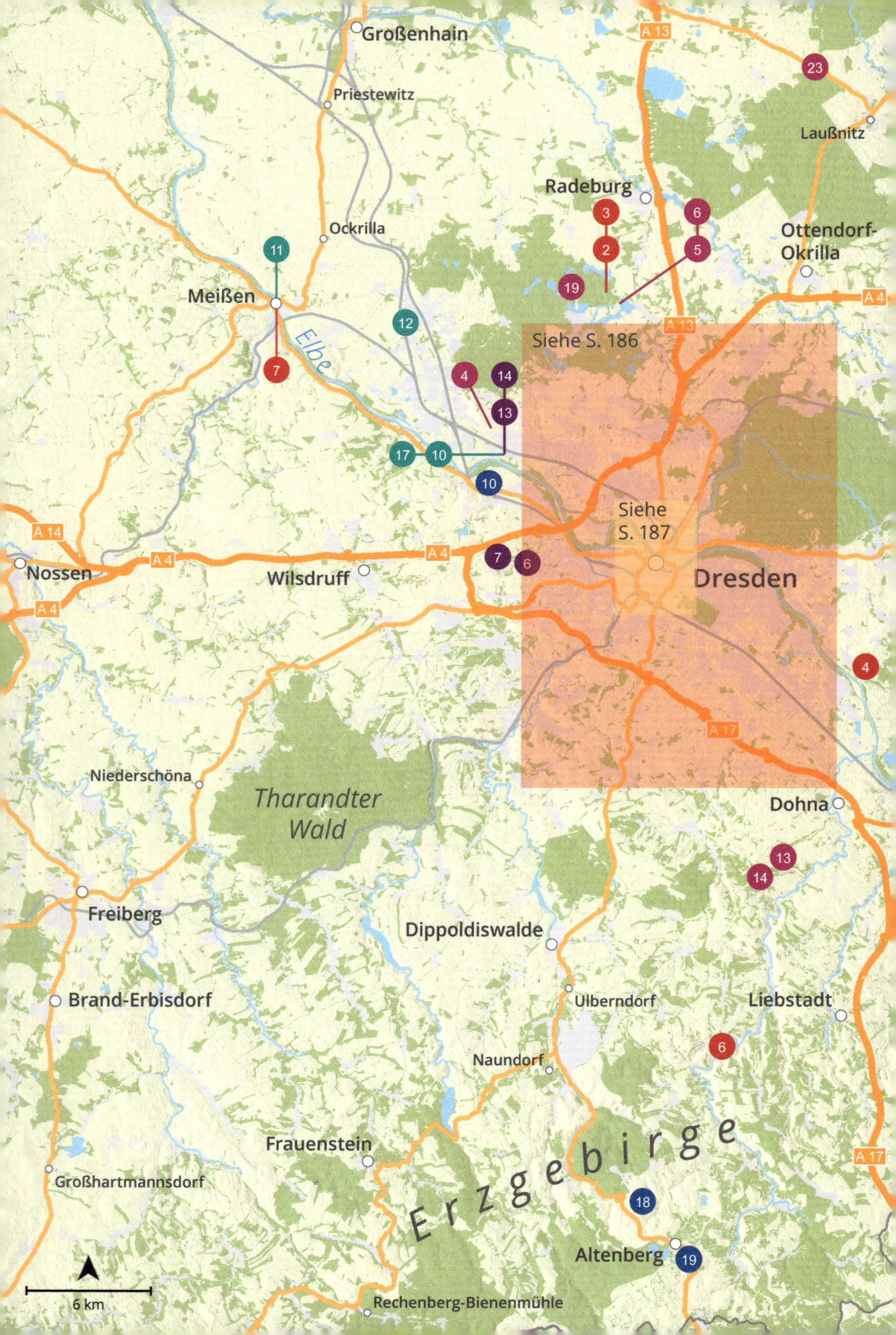

Großenhain
A 13
23
Priestewitz
Laußnitz
Radeburg
3
6
2
5
Ottendorf-
Okrilla
Ockrilla
11
19
Meißen
A 4
Elbe
12
A 13
Siehe S. 186
7
4
14
13
17
10
10
Siehe
S. 187
A 14
A 4
7
6
Nossen
Wilsdruff
Dresden
A 4
4
A 17
Niederschöna
Tharandter
Wald
Dohna
13
14
Freiberg
Dippoldiswalde
Brand-Erbisdorf
Ulberndorf
Liebstadt
6
Naundorf
Frauenstein
A 17
Erzgebirge
Großhartmannsdorf
18
Altenberg
19
6 km
Rechenberg-Bienenmühle

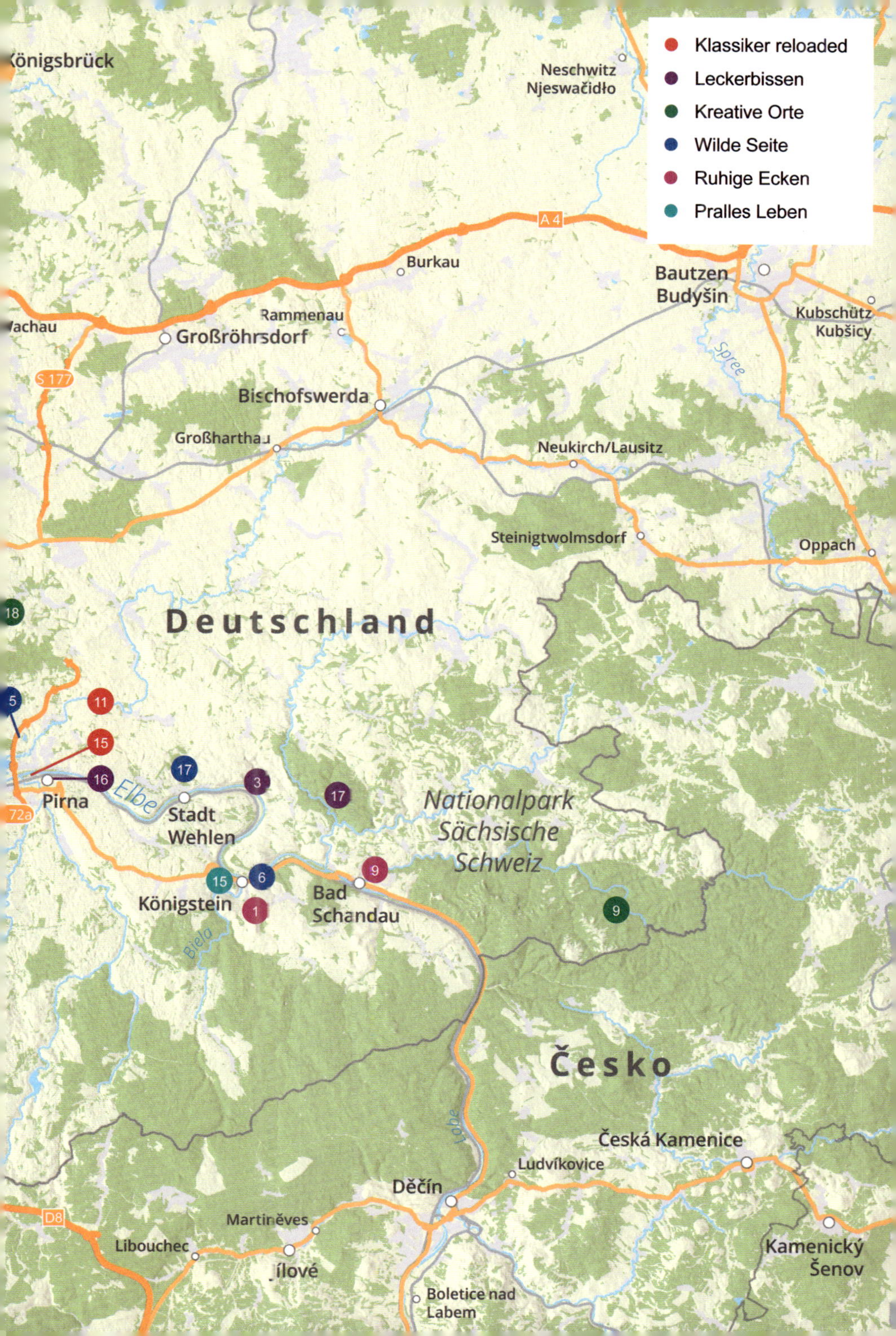

Klassiker reloaded
Leckerbissen
Kreative Orte
Wilde Seite
Ruhige Ecken
Pralles Leben
Königsbrück
Neschwitz
Njeswačidło
A 4
Burkau
Bautzen
Budyšin
Kubschütz
Kubšicy
Rammenau
Großröhrsdorf
Spree
S 177
Bischofswerda
Großharthau
Neukirch/Lausitz
Steinigtwolmsdorf
Oppach
Deutschland
Elbe
Pirna
Stadt
Wehlen
Nationalpark
Sächsische
Schweiz
Königstein
Bad
Schandau
Biela
Česko
Labe
Česká Kamenice
Ludvíkovice
Děčín
D8
Martiněves
Libouchec
Jílové
Kamenický
Šenov
Boletice nad
Labem

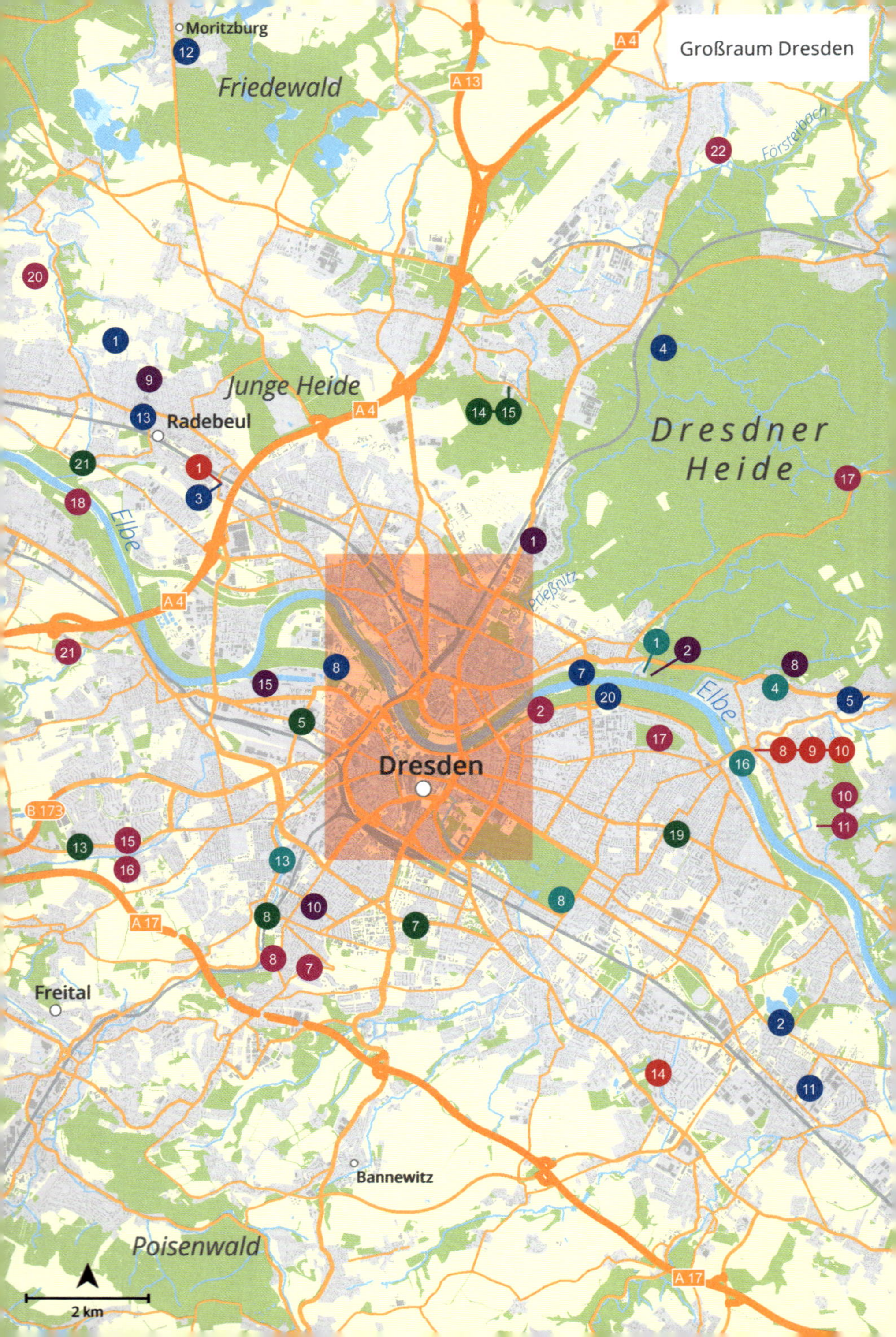

Großraum Dresden
Moritzburg
Friedewald
Junge Heide
Radebeul
Dresdner Heide
Elbe
Prießnitz
Försterbach
Dresden
Freital
Bannewitz
Poisenwald
A 4
A 13
A 17
B 173
2 km

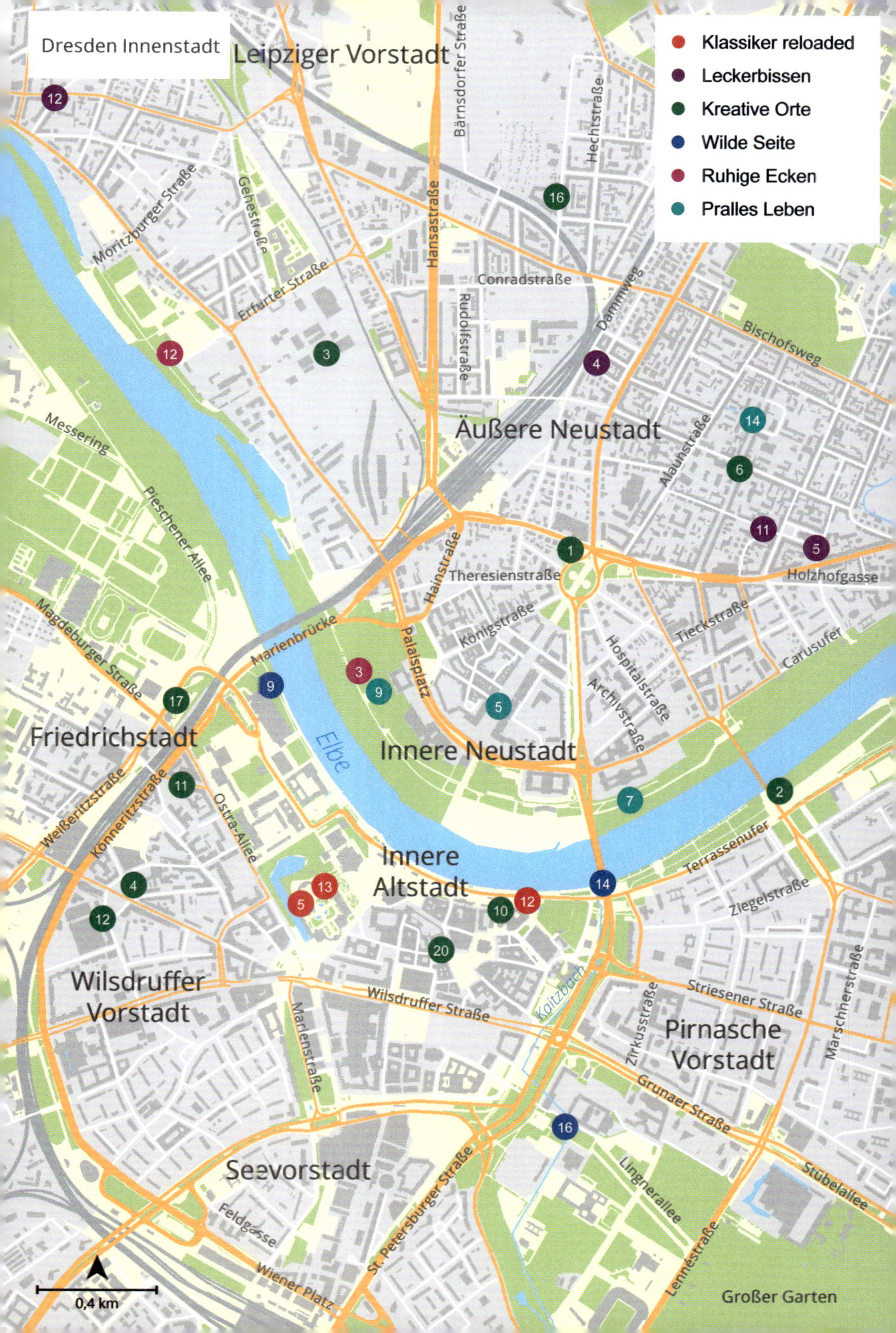
Dresden Innenstadt
Klassiker reloaded
Leckerbissen
Kreative Orte
Wilde Seite
Ruhige Ecken
Pralles Leben
Leipziger Vorstadt
Äußere Neustadt
Innere Neustadt
Innere Altstadt
Friedrichstadt
Wilsdruffer Vorstadt
Pirnasche Vorstadt
Seevorstadt
Großer Garten
Elbe
Kaitzbach
Bärnsdorfer Straße
Hechtstraße
Hansastraße
Conradstraße
Rudolfstraße
Dammweg
Bischofsweg
Moritzburger Straße
Genestraße
Erfurter Straße
Messering
Pieschener Allee
Alaunstraße
Hainstraße
Theresienstraße
Holzhofgasse
Königstraße
Tieckstraße
Hospitalstraße
Archivstraße
Carusufer
Marienbrücke
Palaisplatz
Magdeburger Straße
Weißeritzstraße
Könneritzstraße
Ostra-Allee
Terrassenufer
Ziegelstraße
Wilsdruffer Straße
Marienstraße
Striesener Straße
Zirkusstraße
Marschnerstraße
Grunaer Straße
Stübelallee
Lingnerallee
Lennéstraße
St. Petersburger Straße
Feldgasse
Wiener Platz
0,4 km

Register

Impressum

1. Auflage 2022

Printed in Italy

MIX
Papier | Fördert gute Waldnutzung
FSC® C015829
www.fsc.org

Text: Nicole Czerwinka
Gestaltung Titel, U2 + U4:
Eggers + Diaper, Potsdam
Gestaltung Innenteil + U3:
Sofarobotnik – Büro für Gestaltung, Augsburg & München
Lektorat
Guido Huß, Stephanie Ziegler
Bildredaktion
Anja Schlatterer
Produktion
red.sign GbR, Stuttgart
Kartografie
© MAIRDUMONT, Ostfildern, unter Verwendung von Kartendaten von OpenStreetMap, Lizenz CC-BY-SA 2.0

Bildnachweise

Titelbild: huber-images (Francesco Carovillano)

Fotos: Nicole Czerwinka (Klappe, 9–21, 25, 32–40, 47–64, 68, 71 u.–82, 89–94, 98–100, 107, 111–112, 116, 122/123–139, 143–151, 163, 167–171, 176–179); Sylvio Dittrich (22); Dresdner Kaffee- und Kakaorösterei (31); Festung Königstein gGmbH: (172 o.), Sebastian Thiel (172 u.); Viktoria Franke (156); Amac Garbe (191); Gerald Gebbensleben (103); Heathland Studio: David Ohl (43 o.); Kanu Aktiv Tours GmbH (26 o.); Oliver Killig (86 u.); Konzertplatz Weißer Hirsch (43 u.); Kunst- und Kulturverein Schloss Schönfeld e.V. (85); laif: Thomas Rötting (26 u.); Phillip Maethner (115 o.); mauritius images/Alamy: Panther Media GmbH (159 o.); Museen der Stadt Dresden (86 o.); Christin Nitzsche (164 o.); Max Patzig (96, 97, 181); picture-alliance/dpa: Sebastian Kahnert (115 u.); picture-alliance/ZB: Thomas Eisenhuth (119); Julia Raithel (108/109); Moritz Schlieb (164 u.); Michael Schmidt (155, 160); Shutterstock: ByeByeSSTK & Birgit Eggers (192), dotshock (159 u.), Ksusha Dusmikeeva (2), Christoph Schaarschmidt (71 o.); SLUB Dresden (67 o.); Sonderbar Dresden (44); Spa Resort Landlust Dresden: Robert Gommlich (140 o.), Klaus Schumann (140 u.); Studentenwerk Dresden (67 u.); Superfly Airsports 2021 (104, 180)

Die Autorin

Nicole Czerwinka
... ist von ihrer Heimatstadt nie losgekommen. Nach einem Uni-Semester in Wien und über vierjähriger Pendelbeziehung nach Süd-Norwegen berichtet die gelernte Journalistin seit 2010 auf ihrem Dresden-Blog *elbmargarita.de* über kulturelle Erlebnisse und Ausflüge quer durch die Stadt. Als Sprecherin der Dresdner Musikfestspiele kann sie Dresdens schönste Ecken auch einem weltweiten Publikum nahebringen.

Lob oder Kritik? Wir freuen uns auf deine Nachricht!
Trotz gründlicher Recherche schleichen sich manchmal Fehler ein. Wir hoffen, du hast Verständnis, dass der Verlag dafür keine Haftung übernehmen kann. Wir freuen uns aber, wenn du uns schreibst:

MARCO POLO Redaktion
MAIRDUMONT
Postfach 31 51
73751 Ostfildern
info@marcopolo.de

Bloß nicht!

Fettnäpfchen und Reinfälle vermeiden

Zur Glockenzeit auf die Kreuzkirche

Von der Kreuzkirche überblickst du die Stadt und schaust zur Adventszeit den Striezelmarkt von oben an. Den Aufstieg solltest du jedoch gut timen. Es dröhnt der Kopf, es schlottern die Knie, wenn die große Kirchenglocke gerade gongt, während du die Treppe erklimmst!

Nu und nee verwechseln

Nu … Die Dresdner Mundart hält so manche Kuriosität bereit. Verwechslungspotenzial besteht beim kleinen Wörtchen »nu«. Wenn der Dresdner dieses zwischen den Lippen hervornuschelt, gibt er dir Recht oder grünes Licht, denn nu heißt so viel wie »ja genau«. Wenn er allerdings nein meint, sagt er »nee«.

Ohne Bares zum Flohmarkt

Klimpern muss es in den Kassen oder auch mal rascheln. Hauptsache kein Plastik ist die Devise beim Flohmarkt an der Elbe. Pack dir Bares ein und geh unter freiem Himmel shoppen wie früher. Es hat eben einfach keinen Stil, antike Raritäten per App zu bezahlen.

In High Heels übers Altstadtpflaster

Dresdens Altstadt ist fast flächendeckend mit schönem altem Kopfsteinpflaster versehen. Sei schlau und trag flache Schuhe statt Pumps, wenn du beim Stadtrundgang nicht stecken bleiben willst!

Leipzig hypen

»Leipzig ist so toll!«, das will hier niemand hören. Leipzig und Dresden sind wie Katz und Maus. Weltoffene Messestadt oder romantische Residenz? Für Dresdner stellt sich diese Frage gar nicht. Stolz wie Bolle nutzen sie jede Gelegenheit, um dir zu sagen: »Die schönste Stadt der Welt ist Dresden!!«